小さな会社の

事業承継・引継ぎ徹底ガイド

マッチングサイト活用が成功のカギ

税務研究会出版局

目次

※本書の内容は令和3年8月31日現在の法令・通達に基づいています。

I

関係者が幸せになる事業引継ぎの方法とは？

これまでは廃業するしか選択肢がなかった小さな会社のオーナー社長に
新たな光が差してきた。
マッチングサイトを活用した事業引継ぎが可能になったのだ。
ここではまず廃業と承継の比較、事業引継ぎのスケジュール、
相談先など事業引継ぎの基本事項を押さえよう。

I-1

事業引継ぎの方法

こんなやり方があったんだ！今どきの「後継ぎの見つけ方」

これまでの事業引継ぎ

- 中小以上の規模の会社が対象
- 赤字会社は対象外
- 着手金等高額の費用がかかる
- アドバイザーは必須
- 数社のマッチングが大半

マッチングサイトを使った事業引継ぎ

- 小さな会社でも対象
- 赤字会社でも対象
- 着手金は無料が多く成功報酬も低額
- 譲り渡し手が自ら譲り受け手を探すことも可能
- 多数のマッチングとなることもよくある

これまでは廃業しか選択肢がなかった

上場企業などの大きな会社であれば、当然に引き継ぐ次期社長がいるものである。中堅中小企業でも、M&A専門会社や銀行等に頼めば手数料にまさる優秀な後継ぎ候補を見つけて来てくれる。

しかし、年商1億円以下の小さな会社の高齢社長の多くは、身内で後継ぎを見つけることができなければ、当然廃業しかないと会社を畳む手続きを進めてきたものだ。

従業員や社長の友人の会社が引き継いでくれるという稀なケースもあったが、その場合の承継対価は二束三文が大半。

長年経営をみてきた会計事務所でも、その小さな会社を存続させる方策がなく、後継ぎ不在の小さな会社の末路は、これまでは「廃業一択」であった。それもそのはず、小さな会社では親族以外で後継ぎを見つけられる手法など、世の中に存在しなかったのだから…。

マッチングサイトの活用で後継ぎ候補が見つかる

しかし、そういった小さな会社に「新たな光」が差し込んできたのは、ここ数年の話である。

「新たな光」とは「新しい後継ぎの探し方」のこと。

身内や周りに後継ぎがいなくても、実はインターネット、具体的には「マッチングサイト（プラットフォーム）」に登録することで、後継者候補を探し出すことができる。信頼性の高いマッチングサイトを活用すれば、平均10社程度の後継ぎ候補が見つかる時代になったのである。

廃業前にマッチングサイトにまず登録！

自ら会社を始めた方、親や祖父母から事業を引き継いだ方、事情により事業を継がざるを得なかった方など、現在現役で頑張っている社長の境遇は様々であろう。

しかしどんな社長でも、後継者

大きな会社

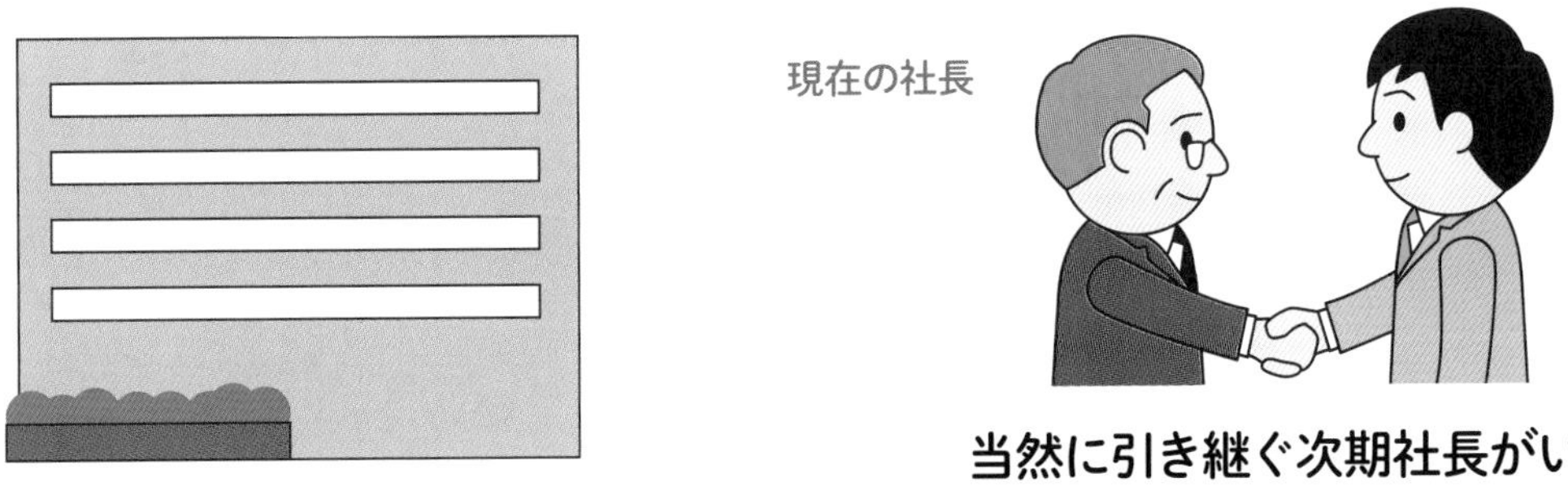

当然に引き継ぐ次期社長がいる

中規模の会社

M&A専門会社や銀行等に頼めば
手数料にまさる優秀な後継者候補を見つけて来てくれる

小さな会社

マッチングサイトの出現により第三者承継が可能に

不在という理由で手塩にかけた自社事業を廃業し、従業員を解雇、得意先、外注先に迷惑をかけることほど辛いものはない。息子や娘に会社を承継できなくても、誰か第三者が引き継いでくれれば、こんなに嬉しいことはないはずだ。

本書では廃業以外の道である第三者承継について、その方法や注意点などを解説する。

これからの時代は、小さな会社は廃業する前に「マッチングサイトに登録して後継ぎを探してみる」というのが主流になると思う。

ちなみにこの第三者承継のことを一般的には、子供など身内への「親族内承継」と区別して、「親族外承継」や「M&A（エムアンドエー）」などという。

POINT

- □ 小さな会社でも第三者承継が可能に
- □ 廃業前にマッチングサイトにまず登録

I-2

廃業と承継の比較

「廃業」するとこんなに大変！「承継」できるとこんなに幸せ！

廃業するとこんなに大変

「もし自分が明日倒れたり病気になったら、従業員やお客さん、取引先はどうなるのだろう？」と、食事の後や寝る前に、又は夢の中で、不安に駆られたことはないだろうか。

後継者不在の多くの社長と話をしていると、大体60歳を超えたあたりでまず「漠然と今後の会社の行く末」に不安を感じ始め、65歳を超えると「廃業」が頭をよぎり始めるようである。

では、皆さんの会社が「もし」廃業した場合、ご自身や周囲に実際どのような影響があるのだろうか。

まずは従業員であるが、廃業する場合には基本的には「解雇」となる。小さな会社であれば、その多くが地元採用であろうから、現実的には、解雇でハイサヨウナラと杓子定規にドライに対応することなどできない。例えば、社長が謝罪すると共に再就職先を斡旋することまで行うケースもある。従業員の配偶者と社長の配偶者が同じ社交ダンスサークルのメンバーだったり、廃業した次の日にスーパーで出会うなんてことも想定されるのが、小さな会社の廃業の現実だからである。

社長が廃業を選択した場合に、得意先や仕入先、外注先などの取引先にはどのような影響があり、何をしないといけないのだろうか。

今まで長くお付き合いがあったところが大半だろうから、取引の頻度や金額にもよるが、できるだけ早く廃業予定の案内をすることになる。御社が取引終了することにより、連鎖的に廃業や倒産とならないようにするべきなのは当然であるから、得意先に限らず広く取引先全般に、なるべく早めに案内を行うべきだ。

法律論はさておき現実的には、小さな会社で廃業を選択した社長は、広く取引先への謝罪行脚をしないといけない。時には、こちらで自社に代わる会社を紹介する必要も出てくる。

また、ご自身にとっての影響も事前に知っておくべきである。事業で使っている機械や車両、備品などは、事業継続して使い続ける限り高い価値があるが、それを廃業と共に売却するとなると二束三文に、時には逆に廃棄コストがかかることもある。更には、工場や店舗、事務所には、撤去費用が莫大にかかることもある。

承継できればこんなに幸せ

では、マッチングサイトを使ってお相手が現れ、廃業ではなく「第三者承継（M＆A）」ができた場合は、どうであろうか。

まずは従業員であるが、ほとんどの第三者承継では、雇用の継続

承継できれば こんなに幸せ

従業員

継続雇用が可能に

取引先

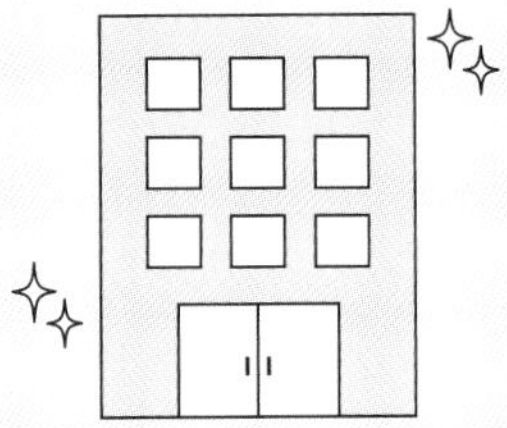

継続取引が可能に

社長の手残り

廃業コストがかからず、承継対価も貰えるので一般的には手残りが多くなる。

結果的に、地域社会に好影響

廃業すると こんなに大変

従業員

解雇や整理（小さな会社では現実的には、謝罪と共に再就職先の斡旋まで行うことも）

取引先

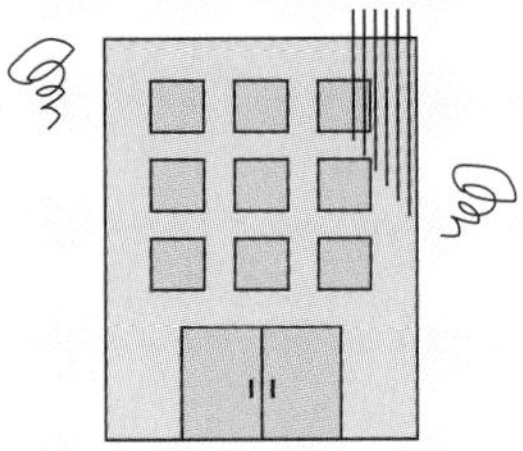

事前の案内と共に取引終了（小さな会社では現実的には、謝罪と共に自社に代わる会社の紹介まで行うことも）

会社資産や負債の整理

機械などは使う限り価値があるが、売却するとそのほとんどが二束三文に。また、工場や店舗、事務所の撤去費用がかかる。

結果的に、地域社会に悪影響

が図られる。理由は単純で、昨今の人手不足の影響もあるが、小さな会社では従業員個々の役割が重要なことが多く、承継者である買い手には貴重な存在だからである。

次に取引先であるが、こちらも基本的には継続となる。廃業前の謝罪行脚ほど、辛く恥ずかしいものはないと思うので、これは廃業予定だった社長にとって有り難いことではないかと思う。

小さな会社の場合、雇用や取引先の継続が図られるということは、その多くが地元採用や地元企業であることも含めて考えると、地域社会に好影響となることも付け加えておく。

最後にお金の話であるが、社長の手残りは、廃業よりも第三者承継を選択できた方が多くなることが大半だ。廃業コストがかからず、承継対価も貰えるので、一般的には手残りが多くなるのである。税金も株式譲渡の2割課税であると、一般的には得することが多い。

I-3

マッチングサイト
活用実例

あなたが知らないだけ？実例でわかる廃業と承継のお金の違い

後継者不在の社長、マッチングサイトに登録してみると…

工場向けの食堂事業を営むA社の社長は75歳。3人の子供は既にそれぞれの道を歩んでいて、親族内承継はできない状態であった。最初は、従業員や取引先に承継を打診してみたが、後継者候補はいなかった。起業してから数十年、その地域では著名な工場の食堂であったことなどから、簡単に廃業という判断をする訳にはいかず、社長は悩んでいた。そんな中、社長はとあるセミナーで「マッチングサイト」の存在を知ったのである。

顧問税理士に相談して、マッチングサイトに登録してみると、驚くことにその日のうちに2社から問い合わせがあった。そして、結局合計15社から連絡があったのである。

3社に絞ってトップ面談、社長が承継先に選んだのは…

ネットマッチングはリアルの対面交渉と異なり、とても簡単に、後継者を探している社長と後継者候補とが面談まで進むことができる。また、昨今の働き方の多様化などの時代の大きな流れもあり、マッチングサイトにおける後継者候補は非常に多様化している。

後継者候補としては、従来からよくある同業の会社以外にも、異業種や異なる地域の会社、後継者を探している会社よりも規模の小さな会社や会社員などの個人が挙げられる。個人の場合は性別や年齢、国籍なども多種多様である。

そのため冒頭の食堂会社のA社に問い合わせをしてきた15社のうち、最終的に条件が折り合う後継者候補は、3社（者）に絞られた。

3社（者）のうち、1番目の候補は同業で規模も大きく、事業の継続性や資金面など、ある意味非常に安心できる会社であった。2番目の候補は個人の元料理人で、第三者承継という形で起業を考えていた。

3番目の候補は、異なる地域、異なる業種の小さな会社であったが、「食堂業界の下調べ」はもちろん「自社が引き継ぐ場合のA社社長の懸念事項に対する事前フォロー」や「A社社長が選んでくれれば即決する意向であること」「全額自己資金対応すること」など、事前の準備が万全であり、A社社長に寄り添うような話し方であった。

それぞれ個別に**トップ面談**をした結果、最初にA社社長が承継先としないことを表明したのは、同業で規模も大きい1番目の会社であった。A社社長曰く、「熱意が感じられなかったのと、承継後にきちんと引き継いでもらえるのか

A社

食堂事業
従業員５名
年商 5,000万円
社長 75歳
後継者不在

マッチングサイトに登録
↓
合計15社の後継者候補が現れる
↓
３社とトップ面談
↓
１社と成約

承継の場合、手残り700万円
（廃業していたら持ち出し800万円）

が不安」とのことであった。

最後まで悩まれたようだが最終的には、場所も少し離れた畑違いの製造業である3番目の小さな会社に承継を決断された。

廃業なら800万円の持ち出し、承継なら700万円の手残り

この食堂案件であるが、最終的には承継できたので、税金やアドバイザー費用を差し引いて「手残り700万円」をA社社長は手にすることができた。お金以上にA社社長が喜んでいたのが、「事業の継続」と「雇用の継続」が図れたことである。長年地元で商売をしてきて晩節を汚すことなく、逆に「若手社長を連れてきてくれてありがとう」と感謝までされることになったのである。

ちなみに、事前に簡単な廃業費用の試算も行っていたが、食堂と事務所のスケルトン工事や冷蔵庫等の撤去費用、従業員の退職金などすべて含めて800万円かかる予定であった。廃業費用の持ち出しもさることながら、食材などの仕入先や得意先、従業員への謝罪行脚をしなくていいのは、高齢であるA社社長には何よりだったようだ。

用語解説

トップ面談
事業引継ぎを検討する中で譲り渡し手及び譲り受け手双方のトップ同士が面談を行うこと。

POINT

- □**事業の継続、雇用の継続などの社長の希望が受け入れられるか**
- □**廃業なら持ち出し、承継なら手残りというケースもあるのでトライすべき**

I-4

事業引継ぎのスケジュール

事業の引継ぎってどうやって進めるの？

早期の準備が成功の秘訣

マッチングサイトを使えば今までになかった新しい方法で「後継ぎ」が見つかるかもしれないということがわかったと思う。

では実際に第三者への事業引継ぎはどのように進めていくことになるのだろうか。

過去の例によると、その多くにおいて成功要因といえるのが「早いうちに事業引継ぎのための準備（Ⅲ-1の5つの整理参照）」を行っていたことだ。これはとても大事な視点で、経営者が高齢になるにつれ売上げが減少していくことも多く、結果として承継対価などが下がることになる。そのため、廃業が脳裏にちらついたら、すぐにでも事業引継ぎの準備を始めてほしい。事業引継ぎは「早期の準備が成功の秘訣」なのである。

さて、親族内承継であれば、阿吽の呼吸である程度のおおまかな承継でも、新経営者と伴走しながら伝言不足の軌道修正などができるかもしれない。また、書類不足なども事後に補完して上手くいく可能性もある。

しかし、「第三者への承継」となると、そうはいかない。

会社にとって大事な「契約書」や「規定」があれば、当然に承継前にきちんと開示し、最終的には現物を後継者候補に渡さないといけない。資産の中に承継後も社長が必要となる「車」や「生命保険」があれば、個人のものとして名義変更するなど事前に対策しなければならない。「借金」はなるべくなら減らしておいた方が、承継がスムーズなのは自明の理である。

会社承継前に後継者候補にきちんと情報開示できていれば問題となることはほぼないが、退職金規程の有無や契約書の一部を紛失しているなどの情報を開示できていないと後日問題となる。これは誤解のないようにしておきたいのだが、書類が不備であるかどうかも大事だが、たとえ不備であったとしても、その不備であるということを事前にきちんと伝えておくことの方がより重要だということだ。

承継を考える社長の事前準備「5つの整理」（詳細はⅢ参照）

1 株主の整理

2 書類の整理

3 資産・負債の整理

4 私的経費の整理

5 関係会社の整理

こういった整理をきちんと行い、決算書などの資料を準備した上で、マッチングサイトに登録し、後継者候補と交渉する場合と、後継者候補からの質問で慌てて整理を急いだり、資料を準備したりするのでは、当然にその最終結果は大きく異なるものとなる。実は、第三者承継の場合でも、不動産と似ていて、「最初に来た客＝後継者候補」が一番良い客ということはよくある。そのためにも、マッチングサイト活用前に、まずは事前準備をしっかり行っておこう。

第三者への事業引継ぎスケジュール

事前準備を十分に行った上でマッチングサイトに登録することになるが、その登録は秘密保持の観点から、「会社名などを伏せた形の**ノンネームバリューシート**（業種やエリア、概算売上金額や利益金額、特徴などの文章、売買価格を含めた売却条件などを記したもの）」で行うことになる。

その後、ノンネームバリューシートを見た後継者候補が、承継を考える社長やそのアドバイザーにアプローチをしてくるのが一般的な流れとなる。

次には、それら複数の後継者候補との「質疑応答」や「トップ面談」を経て、仮契約となる「基本合意書の締結」となる。この基本合意書の締結で、特定の後継者候補1社による承継を考える社長との独占交渉権が発生することになるが、それぞれの納得のもと、行うことになる。

更には、後継者候補による財務や労務を中心とした「会社調査**（デューデリジェンス＝DD）**」を経て、「最終契約書の締結」がなされ、無事に「会社の引渡し」となる。

用語解説

ノンネームシート

会社名などを伏せた状態で会社の概要を記したもの。

ノンネームバリューシート

マッチングサイト用に、ノンネームシートに文章などを更に追加したもの。マッチングサイトを使った第三者承継で、特に最初の段階では、リアルで交渉を行う場合と比較して、文章情報のみで交渉相手を探さないといけないので、ノンネームバリューシートの上手な作成は第三者承継の成功のカギとなる。

デューデリジェンス（DD）

M&Aを行うに当たって、リスクや課題を洗い出すために対象会社を詳しく調査すること。ビジネス、財務、税務、法務などの種類がある。

第三者への事業引継ぎスケジュール

1 事前準備（約2週間）

↓

2 マッチングサイトにノンネームで登録する

↓

3 後継者候補からのアプローチを元に交渉開始（約1～2ヶ月）

↓

4 トップ面談

↓

5 基本合意書の締結

↓

6 会社調査（約2週間）

↓

7 最終契約書の締結 会社の引渡し（約1ヶ月）

（1から7までで約4ヶ月程度）

POINT

- □ 承継を考えるなら早期の準備
- □ 書類不備などがあれば、隠さず事前に開示

I-5

事業引継ぎの相談先

社長はまず「会計事務所」に相談しよう

1人で悩まず専門家やアドバイザーを活用

I-4で掲げた大まかな事業引継ぎの流れを読んで、とてもじゃないが1人で全部行うのは大変だと感じたと思う。

心配することはない。社長は、税理士などの専門家やアドバイザーの立ち位置や業務範囲を理解して、適切なタイミングで彼らに協力を仰げばよいのだ。

まずは顧問の会計事務所に相談するのがベターであるのだが、その会計事務所が「第三者承継支援」をしていたり、「**スモールM&Aアドバイザー**」の肩書があればベストだ。この場合、入口の事前準備からマッチングサイトへの登録、交渉、基本合意、最終契約と一通りアドバイスがもらえるはずだ。

ただし、いくらスモールM&Aアドバイザーという肩書があっても、マッチングサイトを活用できなければ全く意味がないので、その辺りも事前に確認しておくことをお勧めする。

他にも、全都道府県にある「事業承継・引継ぎ支援センター」も、会社の行く末で悩んだ時に相談すると、「親族内承継」や「親族外承継＝第三者承継（M&A）」「廃業」のうち最善の選択をアドバイスしてもらえるだろう。

また、基本合意書や最終契約書の締結などは、司法書士や弁護士の得意分野なので、相談するのも一考だ。

まずは「会計事務所」に相談してみる

専門家やアドバイザーにはそれぞれの立場や得意分野があり、結果的にポジショントークとなることがある。ポジショントークとは、「自分の立場や立ち位置に由来して発言を行うこと」であるが、転じて、「自分の立場を利用して自分に有利な状況になるように行う発言」のことも指す。

つまり、社長が会社の行く末に不安を感じ相談した専門家やアドバイザーがポジショントークを行うことによって、結果的に社長が不利な状況になってはいけない。具体的には、本当に「第三者承継がベターなのか」「廃業した方がいいケースではないのか」など中立的なアドバイスをもらうことが大事だ。

ポジショントークとなりづらく、実は中立的なのは顧問の会計事務所である。顧問の会計事務所にとっては、親族内承継、親族外承継、廃業などどの選択でも皆さんの会社を応援できる立ち位置にいる。また、過去の財務数字の詳細を知っているので、数字を根拠とした適切なアドバイスをもらえるだろう。

他にも、先述の事業承継・引継

第三者への事業引継ぎの手順とサポートする専門家

第三者への事業引継ぎの手順	サポートする専門家
1 事前準備	◆会計事務所 ◆事業承継・引継ぎ支援センター ◆スモール M&Aアドバイザー
2 マッチングサイトにノンネームで登録する	◆会計事務所 ◆スモール M&Aアドバイザー
3 後継者候補からのアプローチを元に交渉開始	◆スモール M&Aアドバイザー
4 トップ面談	◆会計事務所 ◆スモール M&Aアドバイザー
5 基本合意書の締結	◆司法書士 ◆弁護士 ◆スモール M&Aアドバイザー
6 会社調査	◆会計事務所 ◆スモール M&Aアドバイザー
7 最終契約書の締結、会社の引渡し	◆司法書士 ◆弁護士 ◆スモール M&Aアドバイザー

ぎ支援センターも中立的な第三者機関としてお勧めだ。

相談してはいけない相手

逆に、会社の行く末に不安を感じても、安易に相談しない方がいい相手とは誰だろうか。

それはズバリ、「取引先」と「従業員」である。

長年の取引で普段もよく顔を合わせていて、中には友人となっているケースもあろうかと思うが、安易に「取引先」に自社の後継者不在の話をしない方がいいだろう。

取引先によっては、後継者不在の場合は事業の継続性に疑問符が付き、与信審査などにおいてマイナス評価される。時には、取引中止となる可能性もあるので要注意だ。

また、従業員にも安易に話さない方が良いだろう。一般的には不安を煽ることになるだけで、若く優秀な従業員であればあるほど転職を考えるきっかけとなる可能性が高い。

会社の行く末というのはとても重要なことなので、上記以外の方にも安易に相談するのは止めておいた方が良いだろう。特に第三者承継では、情報漏洩による事業とん挫ということは避けるようにしなければならない。

用語解説

スモールM&Aアドバイザー
中小零細企業・個人事業のM&Aをサポートする専門家。

POINT

- □ 1人で悩まず専門家やアドバイザーを活用しよう
- □ 社長が相談するならまず「会計事務所」がおススメ

事業承継のお悩み解決に事業承継・引継ぎ支援センターの活用を

独立行政法人 中小企業基盤整備機構 事業承継・再生支援部

1 事業承継・引継ぎ支援センターの概要と支援内容について

事業承継・引継ぎ支援センター（以下「センター」）は、令和3年4月に事業承継ネットワークと事業引継ぎ支援センターが統合して新たにスタートした公的機関で、事業承継全般の相談にワンストップで対応し、内容に応じて適切な支援を行う相談窓口である。センターの最大のミッションは、事業承継の重要性は理解しているが、日常の経営課題の対応に忙殺されて、事業承継を先延ばしにしている中小企業経営者に事業承継の重要性についての気づきを与え、承継に積極的に取り組んでいただくことである。センターの主な活動、支援内容は次の**(1)**～**(4)**である。特に、センターは公的機関であるため「公正・中立・秘密厳守」に忠実であり、このことは中小企業経営者に事業承継を安心して推進していただくためには大変重要と思われる（センターによくある相談事例は**図1**参照）。

(1) 事業承継ネットワークを通じた事業承継ニーズの掘り起し

各道府県には「事業承継ネットワーク」が設置されている。同ネットワークの主な構成機関は自治体のほか、地域金融機関、商工会・商工会議所等の商工団体、士業団体、公的支援機関等である。各構成機関は自組織の会員や取引先等に「事業承継診断」を実施し、事業承継に関する準備の重要性を経

【図1】事業承継・引継ぎ支援センターの活用方法

事業承継対策未着手でもM&A成約一歩手前でもセンターが活用できます

こんなお悩みはありませんか？

進捗度合	お悩み		センターの対応
低	何から始めて良いか、わからない	▶	事業承継の進め方や承継までにやるべきことなどをアドバイスします。また必要に応じて他の支援機関との連携を図ります
	事業引継ぎの方法や手続きを知りたい	▶	事業引継ぎのタイプ別のメリット・デメリット、手続きの流れをアドバイスします
	会社を第三者に売却するか従業員に譲渡するか迷っている	▶	それぞれの特徴を説明し、会社の現状に照らした課題の抽出等のアドバイスを行います
	会社を他の企業に譲渡したいが、相手先探しや交渉・契約などの相談をしたい	▶	M&Aの可能性があると判断した場合には、2次対応又は3次対応に移行し、譲渡の支援とアドバイスを行います
	会社を売却しようと考えているが、自社の価値はどのように算定すれば良いか	▶	株価の算定方法等についてアドバイスを行うとともに、専門家の紹介を行います
高	当事者間で会社の売買について合意したが、手続きや進め方をアドバイスしてほしい	▶	M&Aの進め方のアドバイスを行うとともに、解決すべき課題の抽出と解決に向けた専門家等との連携を行います

POINT

国が運営する事業のため、利害関係のない中立な立場でアドバイス	ご相談は秘密厳守、業務に精通した専門家が対応します	相談は無料です（2次対応や外部専門家に対する手数料が必要になります）

営者に知っていただくこと、また準備を早めに開始するよう経営者の背中を押すお手伝いをしている。

センターではエリアコーディネーター（以下「エリアCO」）を通じてその「事業承継診断」で浮き彫りとなる課題の解決に関して構成機関と共に取り組んでいる。エリアCOは必要があれば、経営者と直接面談をし、センターへの取次ぎを行っている。具体的にいうと、(2)～(4)で掲げる第三者承継支援等への橋渡しなどである。

なお、令和2年度の事業承継診断実績は全国で16万2千者となっている。

(2) 第三者承継支援

センターは、事業承継診断等に基づく課題整理をし、後継者不在の経営者へのアドバイス、従業員承継もしくは第三者承継の支援をしている。後継者不在企業に対して、譲受の意向のある企業の探索並びに最終契約に至るまでのサポートも実施している。企業の探索にはセンターと連携している地元金融機関、M&A仲介会社、士業法人等からの支援があるほか、センターに直接譲受相談のある企業からも探している。また、連携先として民間プラットフォーマーも加わっており、令和2年度の事業引継ぎ支援センターの実績は相談者数11,686者、成約件数1,379件となっている。

(3) 親族内承継支援

親族内承継をすることが決定し、センターが支援を必要と判断した場合、支援を行う。具体的には承継に関する課題や承継に向けてのスケジュールの見える化のために、外部専門家による事業承継計画策定の支援や助言を実施している。

(4) 事業承継時の経営者保証解除支援

事業承継時に課題となる金融機関に差し入れている経営者保証に対して、「経営者保証ガイドライン」の特則に基づき、経営者保証の二重徴求の解除支援を実施している。具体的にはセンターの「事業承継時判断材料チェックシート」の条件を満たす中小企業に対して経営者保証コーディネーターが支援する。必要に応じて相談者と金融機関との交渉時に専門家を派遣することもできる。

2 事業承継・引継ぎのための手順について

(1) 相談のタイミング

事業承継ガイドラインによれば、事業承継には5つのステップがある（図2参照）。少しでも疑問や相談ごとがあれば、いずれのステップでもセンターに相談できる。経営者の中には企業規模が小さいことや財務状態が赤字、債務超過であることを理由に相談を躊躇してしまう方がいるが、そういう状況でも成約した事例はあるので、ぜひご相談いただきたい。経営者からは「いつ、誰に相談したらよいかわからなかった」という声をいただくが、センターでは「なにから手を付けてよいかわ

【図2】事業承継に向けたステップ

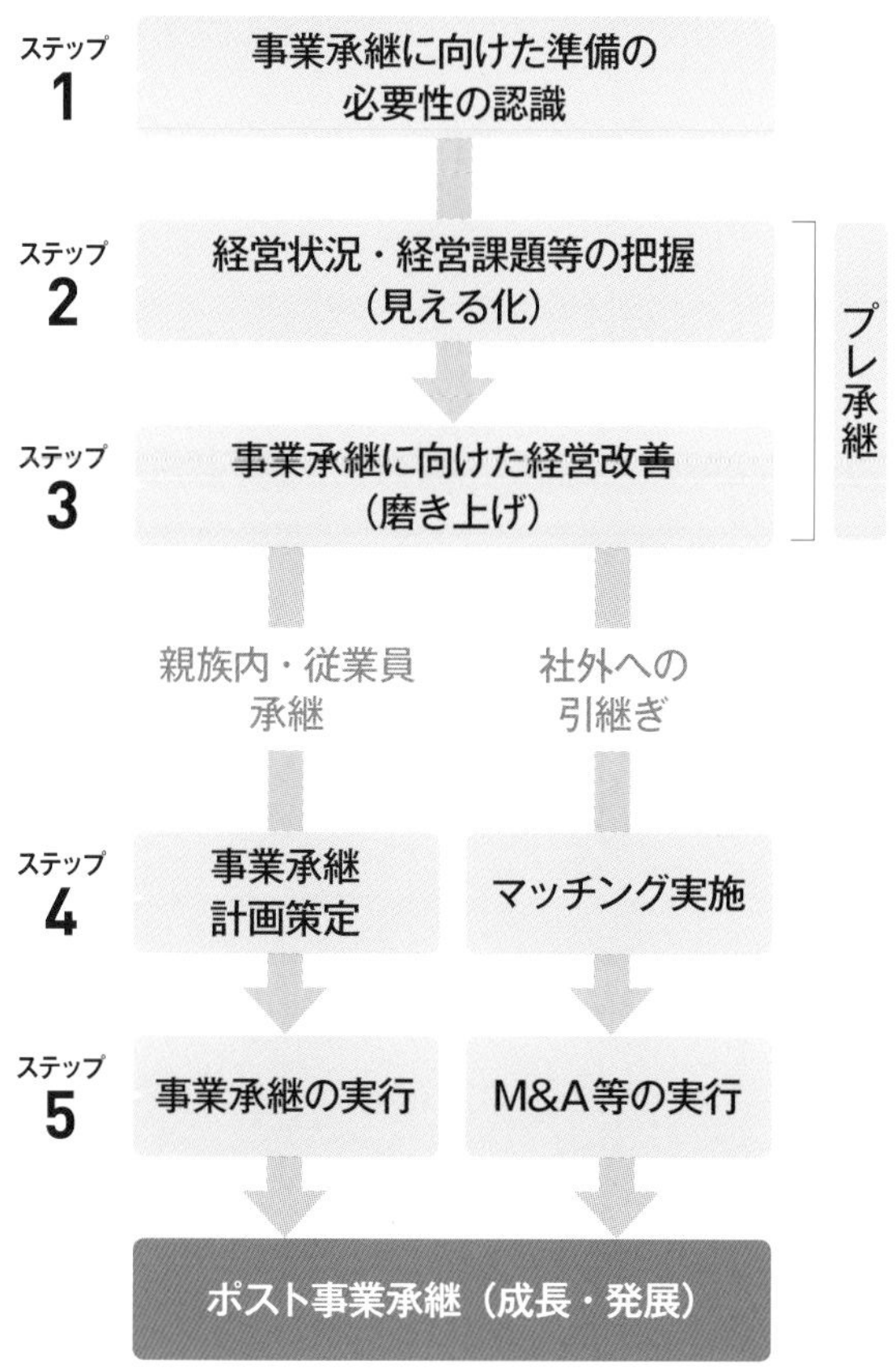

からない」という事業承継の初期の段階から「第三者承継で相手先が決まっているが、やり方がわからない」というかなり交渉が進んだ段階まで、幅広く相談を受け付けている。また、後継者不在で悩んでいる経営者が第三者承継や廃業に気持ちが傾いている場合でも、センターへの相談を契機に、再度、親族内承継、役員・従業員承継の可能性を考えてもらうほか、経営者が最終的な事業承継方針を決定するためのサポートを行っている。

(2) 顧問税理士との連携

顧問税理士は中小企業の経営者にとって一番身近な支援者で相談先である。顧問税理士は顧問先の相談に触れる機会も多いので、直接その中小企業を支援することはもちろん、センターと連携することもぜひ、ご検討いただきたい。例えば、顧問先の経営者がセンター訪問時に帯同する、事業承継計画策定に関与する、担い手ナビ等を含むM&A仲介支援等をするなどが考えられる。

3 相談窓口について、相談方法について

(1) 各地の事業承継・引継ぎ支援センター

全国の都道府県に設置されているセンターにお気軽に直接ご連絡、ご相談いただきたい。ちなみに事業承継のご相談はセンシティブな内容を含むため、必ずご予約の上ご来所いただきたい。全国のセンターの連絡先は中小機構の「事業承継・引継ぎポータルサイト」(https://shoukei.smrj.go.jp/)などで探すことができる。また、ポータルサイトでは事業承継に関する様々な情報やセンターの業務内容、支援事例等について紹介している。

(2) 構成機関の相談窓口

各道府県に組織されている「事業承継ネットワーク」は、地域金融機関、商工団体等が構成機関となっている。各所相談窓口への問い合わせ、並びにセンターへの紹介を依頼することも可能である。その際に「事業承継診断」を利用すると、現状のおおまかな方向性が認識できる。その上でセンターに相談すると、早期方針決定の手助けとなる。

(3) センターでの相談方法

センターでの相談方法は大きく2種類に分かれる。センターに相談する場合には、直接面談が基本である。この面談において、相談者の状況や意向を聞き取り、承継に向けての課題やニーズが整理できる。なお、相談者のお住まいがセンターから遠隔地の場合や、昨今の新型コロナの影響で直接面談が困難な場合には、電話やオンライン面談なども活用できるようになっている。また、構成機関の相談窓口経由でのご相談の場合には、まず、センターのエリアCOと面談していただいた上で、現状把握から課題の整理などを行っている。

面談後は、センターのサブマネージャー等が担当し、相談者が決定した承継方針に基づき、外部専門家や登録機関等M&A支援機関を通じて事業承継完了までサポートしている。

4 終わりに

今回新たにスタートした「事業承継・引継ぎ支援センター」は事業承継に関する困りごとをワンストップでサポートする相談窓口となっている。「経営者は孤独」とよくいわれるが、事業承継に関する相談は特に他人に相談しづらいテーマであり、ひとりで悩んでいる経営者は数多いと思われる。

まずは一度、センターに相談され、現状認識や問題、課題を棚卸することをお勧めする。その結果、自社の事業価値の再確認や適切な事業承継方法を選択し、貴重な経営資源を次世代に残すこと、地域のサプライチェーンとしての役割を維持することが重要である。そのサポートとしてぜひセンターをご活用いただきたい。

【図3】事業承継・引継ぎ支援センター（機能の統合）

従来の役割 **事業承継ネットワーク**（プッシュ型事業承継高度化事業）

▶ **事業承継ネットワークを構築**
早期・計画的な事業承継の準備に対する「気づき」を促すため地域ごとに、商工会や金融機関、専門家等の支援機関と連携し、事業承継ネットワークを構築。

▶ **プッシュ型事業承継支援の実施**
事業承継診断を通して掘り起こされたニーズに対し、地域の専門家と連携して、さらに踏み込んだ事業承継を支援。

事業引継ぎ支援センター（事業引継ぎ支援事業）

▶ 全国の都道府県に設置され、後継者不在の中小企業・小規模事業者と譲受を希望する事業者とのマッチングを支援。

▶ 創業希望者とのマッチングを支援する後継者人材バンク事業も運営。

ワンストップ体制

新たな役割 **事業承継・引継ぎ支援センター**（事業承継・引継ぎ支援事業）

▶ **ニーズの掘り起こし**
① 承継コーディネーターを責任者とし、経営者に身近な支援機関等による支援のためのネットワークを構築します。
② ネットワークの構成機関にてプッシュ型の事業承継診断を実施し、経営者の課題や事業承継支援ニーズを掘り起こします。
③ エリア毎にエリアコーディネーターを配置し、エリア内の構成機関が実施するプッシュ型事業承継診断をサポートするとともに、構成機関が掘り起こした支援ニーズ先の課題を整理し、承継コーディネーターを経由して課題に応じた支援担当につなげます。

▶ **事業承継支援**
① 後継者不在の場合は第三者承継支援担当が登録機関等（民間 M&A 仲介業者等）を活用してマッチングの支援を行います。
② 親族内への事業承継希望の場合は親族内承継支援担当が外部専門家を活用した個人支援（事業承継計画作成支援等）を行います。
③ 事業承継時の経営者保証に課題がある場合は、経営者保証業務担当が、外部専門家を活用した支援を行います。

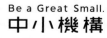

Ⅱ

小さな会社の事業引継ぎで第三者承継が活用されるワケ

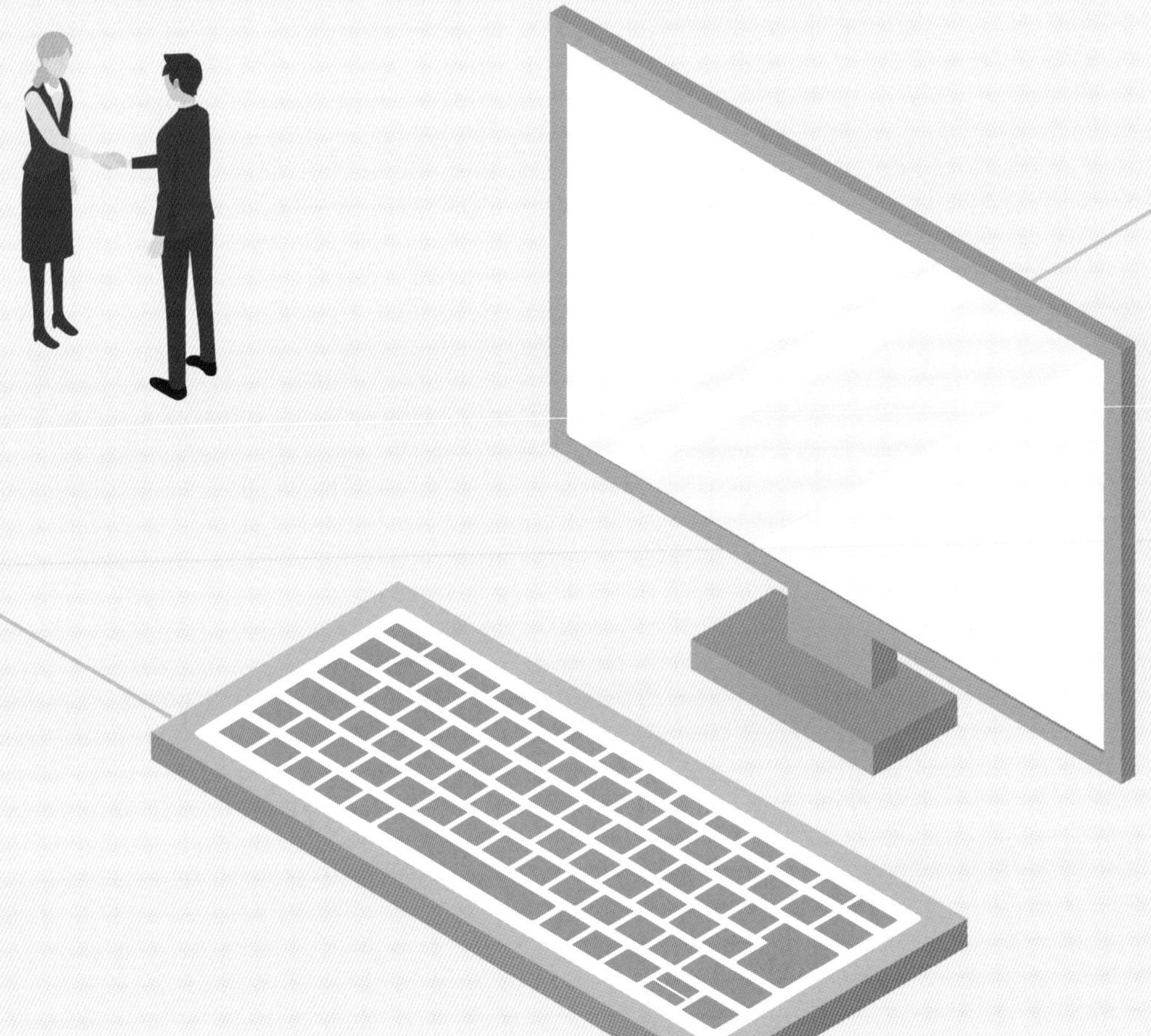

経営者の高齢化と後継者不足は深刻な状況となっている。
しかし、税金や補助金など国の事業承継支援策の充実、後継者候補の多様化、
活用しやすくなったマッチングサイトなど、
事業引継ぎを後押しする環境が整いつつある。

Ⅱ-1 経営者の高齢化と後継者不足

悩んでいるのはあなただけではありません！

廃業か、第三者承継か

社長が高齢で後継者不在の場合、実は選択肢は2つしかない。それは、「廃業」か「第三者承継」かである。

中には、「従業員承継」等も可能ではないかと言われる方もあるが、それは一時しのぎでしかない。役員である社長の肩書は代わってもらうことが可能かもしれないが、オーナーとしての株主の立場を従業員に代わってもらうことは通常難しいだろう。他にも、借入金やリース取引における連帯保証の問題もある。

ということは、後継者不在の小さな会社の行く末は、社長が頑張れるまで頑張って、最後は「解雇や取引中止を伴う廃業」となってしまうのか、事前にできるだけの準備をした上で、マッチングサイトを活用して「雇用や取引継続となる第三者承継」かの2つに絞られる。

3社に1社が廃業間近

政府は2019年12月に「第三者承継支援総合パッケージ」を打ち出し、2020年3月に事業引継ぎガイドラインを改訂した「中小M&Aガイドライン」を、更に2021年4月に「中小M&A推進計画」を相次いで発表した。

これらでは、全国381万の会社や個人事業主のうち、127万社が社長の年齢が70歳以上かつ後継者不在であるとされ、その割合（127万／381万＝1／3）から3社に1社が廃業間近とされている（注1）。会社の行く末に思い悩んでいる社長は、実は日本全国津々浦々におられるのが現状である。思い悩んでいるのはあなただけではなく、日本全体の問題でもあるのだ。

ちなみに、もし127万社の事業所すべてが廃業となってしまった場合には、「22兆円のGDP」と「650万人の雇用」を喪失すると国は試算している（注2）。

これでは日本沈没となりかねないため、国は10年間で60万件の第三者承継＝M&Aを目標に掲げた。年間にすると60万件÷10年＝6万件で、現在行われている第三者承継が年間約4，000件といわれているため、約15倍（6万件÷4，000件）への大幅引上げを国は画策していることになる。

そのため国は、「事業引継ぎ支援センターの拡充（既に実施済み、現在の事業承継・引継ぎ支援センター）」や、「経営者保証ガイドラインの特則策定」、「事業引継ぎ支援データベースの民間への開放（既に実施済み）」、「事業の選択と集中を促す補助金の創設（既に実施済み、現在の事業承継・引継ぎ補助金）」など新たな施策を矢継ぎ早に実行してきたのである。

黒字廃業を回避するための第三者承継支援総合パッケージ（10年間の集中実施）

- **10年間で60万者**（6万者/年×10年）の**第三者承継の実現**を目指す。
- **技術・雇用等の中小企業の経営資源**を、**次世代の意欲ある経営者に承継・集約**。

1. 経営者の売却を促すためのルール整備や官民連携の取組

（1）「事業引継ぎガイドライン」を改訂し、経営者が適正な仲介業者・手数料水準を見極めるための指針を整備。第三者承継を経営者の身近な選択肢とする。

（2）事業引継ぎ支援センターの無料相談体制を抜本強化し、経営者が気軽に相談できる第三者承継の駆け込み寺に。

2. マッチング時のボトルネック除去や登録事業者数の抜本増加

（1）「経営者保証ガイドライン」の特則策定により、個人保証の二重取りを原則禁止。

（2）「事業引継ぎ支援データベース」を民間事業者にも開放し、スマホのアプリを活用したマッチングなど、簡便なしくみを提供。

3. マッチング後の各種コスト軽減

○ 新社長就任に向けた後継者の教育支援や、事業の選択と集中を促す補助金の創設をはじめ、予算・税・金融支援を充実。

出典：中小企業庁「第三者承継支援総合パッケージ」（令和元年12月20日）2頁

ほとんどが小さな会社

先ほど「127万社が廃業間近」と説明したが、統計的にその約8割はいわゆる年商1億円以下の小さな会社である。つまり、127万社×8割＝「約100万社」は、皆さんと同じ、小さな会社のことなのである。

ということは、政府の第三者承継目標である年間6万件も、その多くが小さな会社が対象ということになる。

これだけの数の小さな会社を第三者承継していこうとすると、もはや専門家が最初から最後まで介在して行うのは不可能である。

そのことは国もわかっており、先述の「事業引継ぎ支援データベースの民間への開放（既に実施済み）」に繋がっていて、結果的に、民間のマッチングサイトの活用となっている。

POINT

- □ **第三者承継を増加させるため国は新たな施策を実行している**
- □ **小さな会社こそマッチングサイトを活用して承継を進めるべき**

（注1）厳密には2015年に政府試算が予測した「2025年における予測値」

（注2）2025年までに経営者が70歳を超える法人の31%、個人事業者の65%が廃業すると仮定。雇用者は2009年から2014年までの間に廃業した中小企業で雇用されていた従業員数の平均値（5.13人）、付加価値は2011年度における法人・個人事業主1者当たりの付加価値をそれぞれ使用（法人：6,065万円、個人：526万円）。

Ⅱ-2

国の支援策

「補助金」や「税金」で、国も小さな会社の事業承継を積極支援！

拡充される国の事業承継支援策

「マッチングサイトを活用した小さな会社の事業承継」が活況になりつつある大きな理由の1つとして「国の支援策の拡充」が挙げられる。ここでは特に「補助金」と「税金」を取り上げる。

「事業承継・引継ぎ補助金」とは

「事業承継・引継ぎ補助金」は、2020年のコロナ禍のさなかに創設された「経営資源引継ぎ補助金」と、以前からある「事業承継補助金」を統合し、補助額も増額して2021年に再スタートしたものである。

次ページの図1を見てほしい。

改正前の「経営資源引継ぎ補助金」が図1の②事業引継ぎ時の士業専門家の活用費用の補助に当たる。この②の補助の対象者は、小さな会社を含む中小企業者等を前提として「第三者承継＝M&Aを行う譲渡側及び譲受側」となっていて、補助対象経費は、「成功報酬、財務調査費用、着手金、マッチングサイトの利用料等」と幅広く、補助率「1／2」、補助上限額は「250万円」である。

また、オーナー経営者側では、一部事業譲渡や一部廃業ということも想定されており、その時の廃業費用に対する補助金200万円も別途手当されている。

改正前の「事業承継補助金」は図1の①事業承継・引継ぎを契機とする新たな取組や廃業に係る費用の補助に当たる。例えば、第三者承継を実施後、後継者が経営統合を兼ねて大型の機械装置を購入する場合に、その機械装置購入費用について、補助率「1／2」で補助上限額「250万円又は500万円（廃業部分がある場合は別途上乗せ措置あり）」となる。この補助金は、「第三者承継時の専門家報酬」ではなく、「第三者承継後の新たな取組への後継者向け支援」といったイメージであるが、後継者が得をするということは、その分承継対価の条件が良くなるため、オーナー経営者である皆さんにも良い影響があるということだ。

「経営資源集約化税制」とは

2021年度税制改正において、第三者承継で会社を株式譲渡で承継した場合に、その承継対価の7割を費用計上できるという「経営資源集約化税制」が創設された。この税制も後継者向けの支援策となる。

例えば、1，000万円で会社を承継した場合、通常はその1，000万円は後継者側の貸借対照表の「資産」に計上される。

「費用」にはならない。

しかし、後継者には、承継後に思わぬ出費が発生するというリスクもある。例えば、きちんとした専門家を付けずに第三者承継を実行した場合、隠れ負債や未払残業代等の事後発覚もありうるのだ。こういった承継後リスクを税金面から軽減するため、承継対価700万円（1，000万円×70％）の一括費用計上を認めてくれるのが、この経営資源集約化税制である。

ただし、この税制では5年経過後から5年間で積立金額の均等取崩し（収益計上）が行われるので、この点にも注意が必要である。

国による第三者承継支援策の今後

最後にお伝えしたいのは、これら国の支援策が、これで終わり又は今がピークというものではなく、この先更に拡大していくであろうということである。

Ⅱ－1でもみたように、小さな会社の後継者不足問題は待ったなしである。少なくともこの先10年は、国の生産性向上や創業促進施策と相まって、小さな会社の第三者承継支援策は続々と出てくるものと思われる。

図1 事業承継・引継ぎ補助金

- 経営者交代型・M&A型では、事業承継・事業引継ぎを契機に、経営革新などに挑戦する中小企業に、設備投資・販路拡大の支援を行います。
- 専門家活用型では、譲渡側・譲受側双方の士業専門家の活用に係る費用（仲介手数料、デューデリジェンス費用（買収に伴うリスク調査）、企業概要書作成費用など）を補助します。
- 経営資源を譲渡した事業者の廃業費用も補助します。

【イメージ】

支援類型		補助率	補助上限額	上乗せ額 ※廃業を伴う場合
① 事業承継・引継ぎを契機とする新たな取組や廃業に係る費用の補助				
経営者交代型	親族内承継等により経営資源を引き継いだ事業者への支援	1/2	250万円	+200万円
M&A型	M&A（株式譲渡、事業譲渡等）により経営資源を引き継いだ事業者への支援	1/2	500万円	+200万円
② 事業引継ぎ時の士業専門家の活用費用の補助				
専門家活用型		1/2	250万円	+200万円（売り手のみ）

出典：令和３年度経済産業省　予算のPR資料一覧：一般会計

POINT

- □ 補助金、税金など事業承継・引継ぎには国の支援策が数多くある
- □ 今後も国による支援策は続々と出てくることが予想される

図2 経営資源集約化税制の概要

M&A実施後に発生し得るリスク（簿外債務等）に備えるため、据置期間付（5年間）の準備金を措置。M&A実施時に、投資額の70%以下の金額を損金算入。

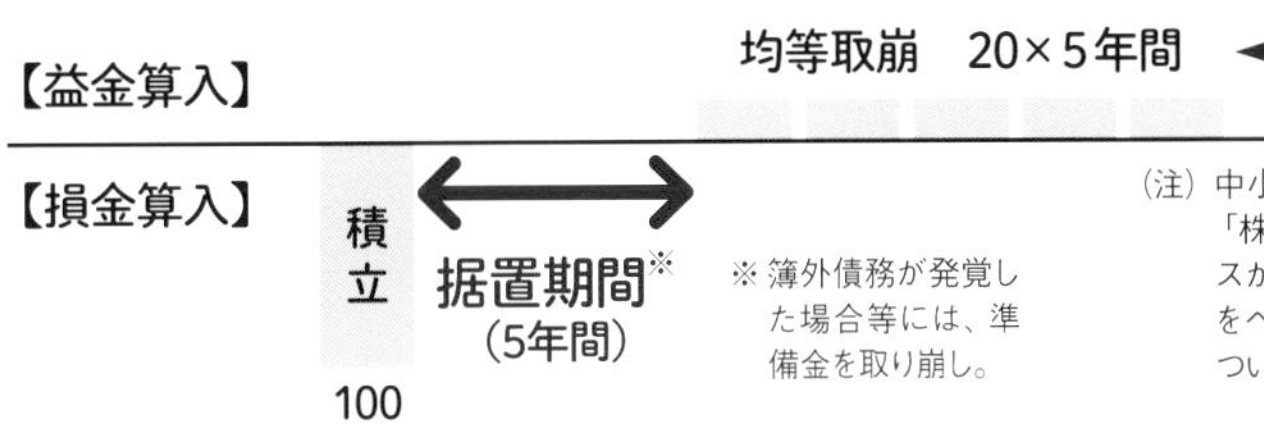

（注）中小企業のM&Aには、大別して「株式譲渡」と「事業譲渡」のケースがあるが、簿外債務等のリスクをヘッジできない「株式譲渡」について、準備金制度を措置。

出典：令和３年度（2021年度）経済産業省関係　税制改正について　令和２年12月　経済産業省　27頁

Ⅱ-3

廃業の実態と承継実例

「廃業」を考えていた社長がマッチングサイトで第三者承継をしようとしたら、「親族内承継」が実現した例

休廃業数は約5万件と過去最多だが、その6割は実は黒字

Ⅱ-1で後継者不足により小さな会社を中心とした中小企業がどんどん減少して、日本経済へマイナスの影響を与えていると説明した。実際、2020年の休廃業・解散数は約5万件と過去最多で、その約85%において社長の年齢が60歳以上となっていた。更には、2020年に休廃業・解散した会社の従業員数は判明分だけで約13万人となっており、年々増加している。

しかし、それら休廃業・解散した会社の6割以上が実は黒字なのである。マッチングサイトを活用して第三者承継をするという新たな手法を知っていれば、もしかしたらその休廃業・解散した約5万件の会社の一部は存続が図れたのではないかと想像すると、何とも歯がゆい。

マッチングサイトで後継者候補が見つかったとたん、親族が…

以前地方の衰退産業に位置づけられる会社の事業承継のお手伝いをしたことがある。当初社長は親族内承継を期待していたが息子から拒否され、「廃業しかない」と半ば諦め顔で相談に来られた。

社長には廃業することを半年だけ待ってもらい、その間にマッチングサイトに登録し、後継者候補を探すことを提案、同意を得た。

マッチングサイト登録直後はなかなか後継者候補が現れなかったが、2週間ほどしたある日、2社からサイトを通じて連絡があった。

マッチングサイトでは、最初オーナー経営者側及び後継者候補側共にノンネームだが、後継者候補側が自身の実名などを開示した上でオーナー経営者に「実名開示依頼」を行うことができる。

そのときは2社とも実名開示依頼をしてきたため、承諾するのかどうか社長に相談すると、一晩考えたいとのことだった。

しかし、衝撃的であったのは、あくる日の社長の言葉であった。「息子が継ぐと言い出した」と。前日に家族会議で妻や息子へ相談し、承継候補先の話をしたのであろう。その時、息子に何か心境の変化があったのだろうか。

息子の胸中は正確にはわからないが、結果として、第三者承継である親族外承継が現実味を帯びることで、親族内承継が前に進んだことは事実だ。

まず第三者承継の道を探り、それでも難しければ廃業準備

マッチングサイトに登録してみたが思うような条件で承継候補が

休廃業・解散に関する数値データ

◆休廃業・解散、倒産件数 年次推移

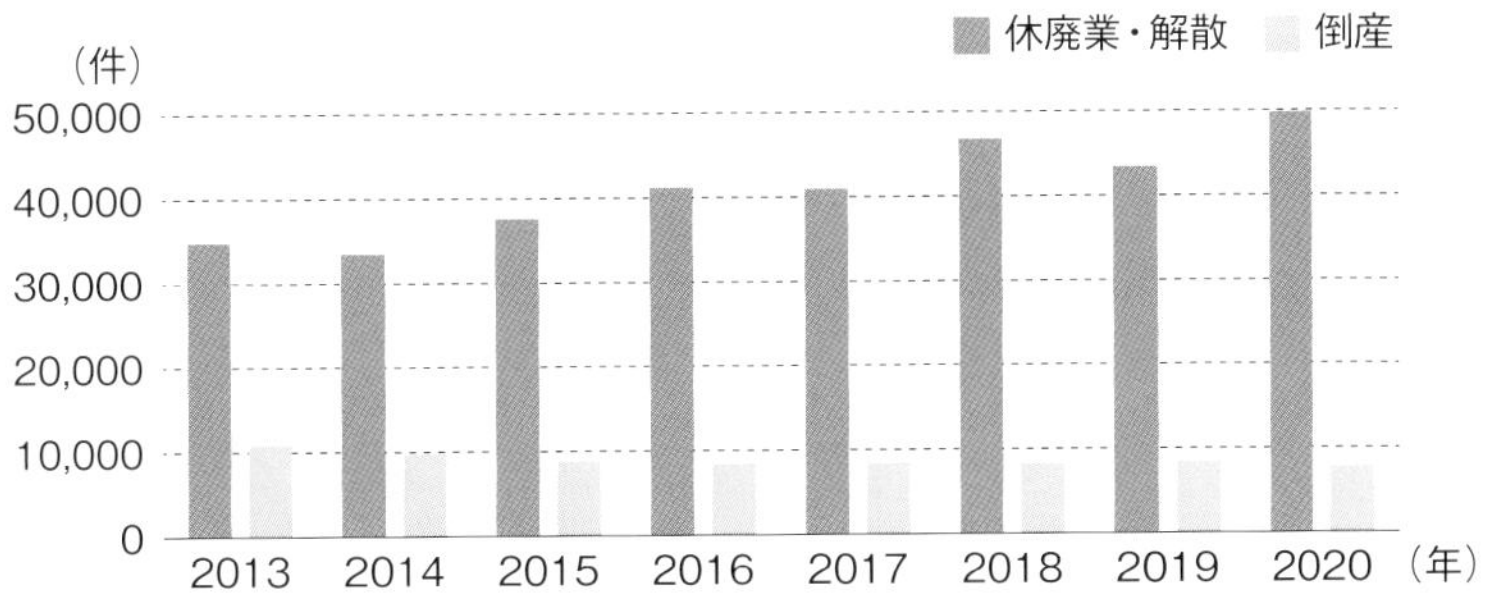

出典：2020年「休廃業・解散企業」動向調査（一部加工）
（東京商工リサーチ）

東京商工リサーチが保有する企業データベースから、「休廃業・解散」が判明した企業を抽出した。
「休廃業・解散」は、倒産（法的整理、私的整理）以外で事業活動を停止した企業と定義した。

◆休廃業・解散　代表者の年代別構成比

年	2013年	2014年	2015年	2016年	2017年	2018年	2019年	2020年
20代以下	0.12%	0.17%	0.13%	0.12%	0.15%	0.16%	0.16%	0.22%
30代	1.70%	1.45%	1.51%	1.24%	1.19%	0.97%	1.07%	0.76%
40代	5.77%	6.03%	5.83%	5.86%	5.23%	4.80%	4.75%	4.79%
50代	11.87%	11.04%	10.77%	10.73%	10.19%	10.36%	10.52%	10.01%
60代	**36.37%**	**35.69%**	**35.27%**	**34.76%**	**32.95%**	29.00%	27.50%	24.50%
70代	32.62%	33.61%	33.67%	33.29%	35.65%	**37.53%**	**39.06%**	**41.77%**
80代以上	11.54%	12.01%	12.83%	14.00%	14.64%	17.18%	16.94%	17.94%
合　計	100%	100%	100%	100%	100%	100%	100%	100%
60代以上	80.54%	81.31%	81.77%	82.06%	83.24%	83.71%	83.50%	84.22%

◆休廃業・解散 損益別

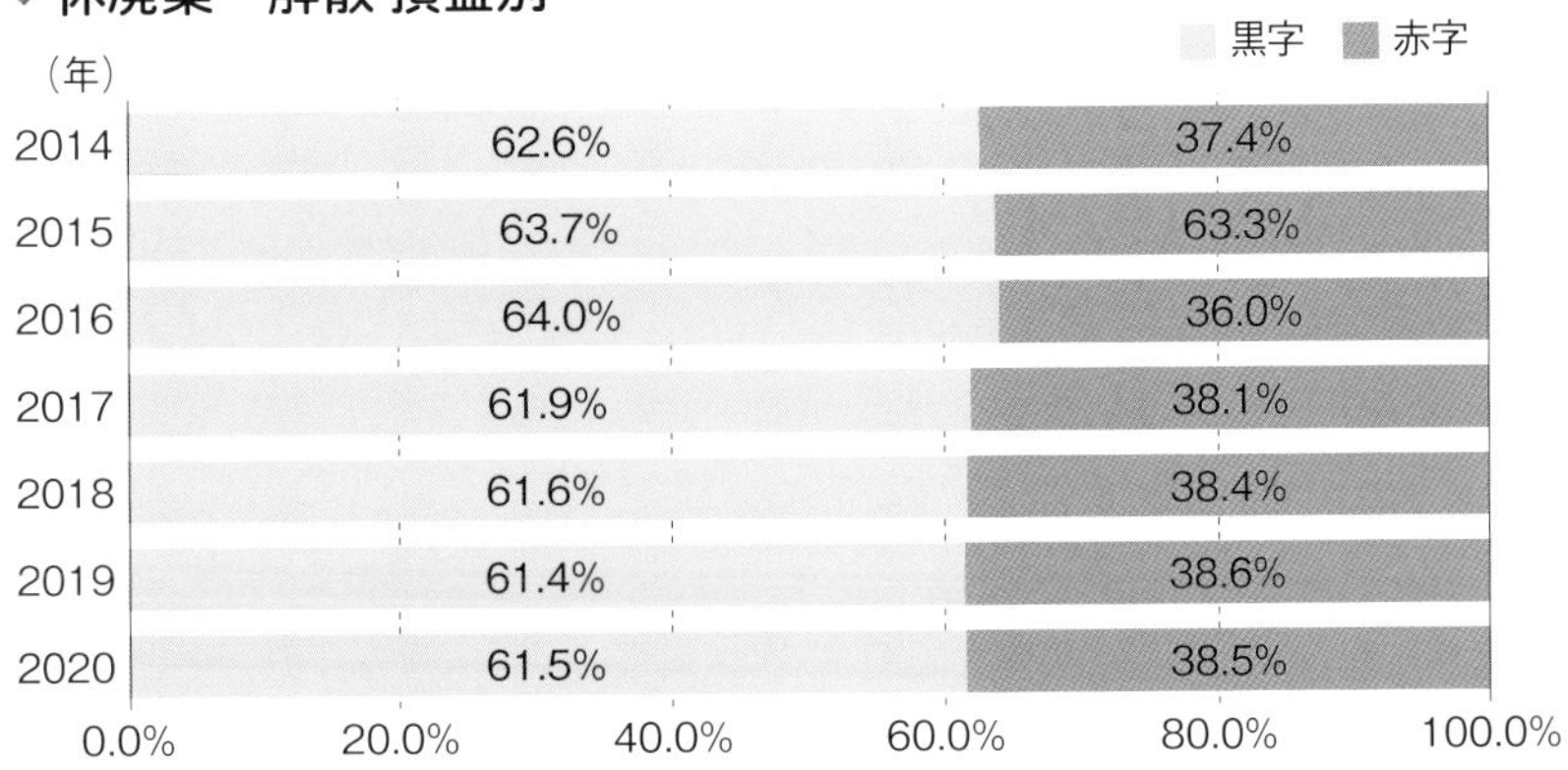

◆廃業・解散した会社の従業員数合計

年	従業員数
2013	115,562
2014	106,366
2015	105,189
2016	117,003
2017	107,757
2018	133,815
2019	100,107
2020	126,550

現れず、「社長にとって手残りの多い廃業」を選択したケースもある。高齢であったり、持病がある社長は、廃業を選択せざるを得ない場合もあるだろう。

しかし、廃業前にマッチングサイトを使った第三者承継の道を探ることがスタンダードになれば、親族や従業員にとってもこれまで以上に真剣に承継を考えるきっかけになるかもしれない。

これからは小さな会社も、マッチングサイトに登録してみて第三者承継の道を探り、それでも難しい時は粛々と廃業の準備をしていくという流れができるだろう。

POINT

- □休廃業・解散している会社の6割以上は実は黒字の会社である
- □第三者承継が社長の親族等を真剣に考えさせるきっかけになることも

Ⅱ-4

後継者候補の多様化

子供が承継しなくても、こんなにいる「後継ぎ予備軍」！

「M&A起業」の増加

この本を読んでいる小さな会社の社長は、「M&A」と言われても、我が事とはなかなか感じにくいと思う。

一方、起業を考える人たちの中には、すべて自前で一から会社を立ち上げるのではなくM&Aにより承継する方法を選ぶ人もかなり増えてきており、「M&A」という言葉は近年馴染み深いものとなっている。

マッチングサイトを使った小さな会社の事業承継が活況になりつつある理由の1つは、多様多数な後継者候補の存在であり、その背景にあるのがM&Aを行う目的が変化してきていることが挙げられる。

M&A起業もその表れといえる。

多様多数な後継者候補の存在

従来、会社を承継するという行為は、大企業や一部の中堅企業に限られていた。

たとえ会社を承継したいという中小企業があったとしても、情報の秘匿性やその情報を握る一部の人達による厳格な管理のため、その中小企業の譲り渡し案件にそもそもたどり着くことすらできなかったのである。

譲り渡し案件に誰でも自由にアクセスできるようになったのは、マッチングサイトが出現したここ数年である。

マッチングサイトの出現は、M&A業界に大きな変化をもたらした。その変化の1つが、「多様多数な後継者候補の存在」である。

例えば、今までは譲り渡し案件にアクセスできなかった中小企業が、マッチングサイトを活用することにより自社の経営戦略を考慮して積極的に第三者承継を検討するようになったことが挙げられる。

つまり、東京の会社が大阪進出を考えるときに、自前で人や物を調達するのか、既にある会社を第三者承継することで調達するのかを選択できるようになったということである。

更には、個人事業主や上場企業等の役員などが、個人として今後の新規事業立上げ等を目論んでマッチングサイトに登録している。

他にも、会社員が退職後の起業という位置付けで、高齢者や主婦が趣味の延長線上で、マッチングサイトを活用したスモールM&Aの世界に参入してきている。

また最近は、かなりの数の外国人が後継者候補として名乗りをあげてきている。

多様多数の後継者予備軍とその目的

	後継者予備軍	承継目的
会 社	・大企業 ・中堅企業 ・中小企業	・事業の拡大 … 同業種、類似業種、川上産業、川下産業
個 人	・個人事業主 ・上場企業の役員、中小企業の役員 ・会社員 ・高齢者 ・主婦 ・外国人	・リスク分散 ・起業 ・働き方の多様化 ・趣味の充実　など

以前は大企業や中堅企業だけだったが、最近は中小企業や個人も参入してきた

M&Aを行う目的の変化

M&Aを行う目的であるが、単なる規模の拡大を目指した、「同業種や類似業種、更には川上産業や川下産業」を狙ったものだけではなくなってきているのも最近の特徴だ。

例えば、近年多発している災害や疫病など予測不可能な事象に備えるため、異なる業種や異なるエリアの会社とM&Aをすることで、リスク分散を考える会社なども増えてきている。

また、冒頭の例のように、会社員が起業を検討する時に自前ですべて一から立ち上げるのか、M&A起業するのかを天秤にかけることもできるようになっている。

他にも、働き方の多様化と相まって、会社員が「M&A副業」を実行するケースもある。

小さな会社の社長である皆さんは、これだけ「多様多数の後継者予備軍」がいることは、心強いと思って頂きたい。

息子や娘などとの親族内承継ができなくても、マッチングサイトを使えば、後継者が見つかる可能性は年々高まってきているといえるのである。

POINT

□ M&Aを行う目的が変化してきており、多様多数な後継者予備軍を作り出している

□ マッチングサイトを使えば、後継者が見つかる可能性が高まっている

II-5

マッチングサイトの種類

ネット音痴でも大丈夫！
～こんなに進化したマッチングサイトの実情とは

様々なマッチングサイト

マッチングサイトは、わずか数年で一気に増えた。増えるだけではなく、毎月のようにどこかのマッチングサイトがリニューアルを繰り返している状況だ。

マッチングサイトは現在、多種多様なものが存在していて、利用しにくいものや、マッチング数が少ないもの等も含めて玉石混交といっていいだろう。

マッチングサイトを敢えて色分けすると、「本格系」「IT企業系」「業種特化系」「M&A専門会社系」となる。

本格系とは、サイトの使いやすさやリニューアル頻度、サポート体制、譲り渡し手・譲り受け手・専門家の数などが充実しているサイトのことである。

IT企業系とは、まさにIT企業が始めたマッチングサイトで、M&A業界にはなかった発想でサイトが構築されており、アルゴリズムや情報開示の方法などにも特徴がある。

業種特化系とは、飲食業や不動産業など、ある特定の業種の譲り渡し案件を中心に扱っているサイトのことである。

M&A専門会社系とは、第三者承継の**仲介会社**や**FA会社**が運営しているサイトのことである。

その他、税理士会が行っているサイトなどがある。

また、マッチングサイトの登録数が少なくて現在は活況なようにはみえなくても、今後の市場環境やサイト機能などの条件によって、もしかしたら登録数が増加するかもしれないと思えるほど、マッチングサイト業界は日進月歩であることも付け加えておく。

登録サポートや逆オファー機能があるサイトも

マッチングサイトのサービスや機能の部分についても様々なものがある。例えば、皆さんのような後継ぎを探している会社がサイト運営会社に電話をすると、マッチングサイトへの登録のサポートを丁寧にしてくれるところもある。もちろん、無料である。

この場合、一般的にはサイト運営会社は後継者候補から手数料を徴収しているのである。

オーナー経営者がサイトに登録して、じっと後継者候補が現れるのを待つ以外にも、逆オファーのような形で、オーナー経営者から後継者候補へアプローチできる機能が付いているサイトもある。

更には、適宜必要に応じて専門家を抱えていて、オーナー経営者や後継者候補に紹介できることをメリットとしてうたっているサイトもある。

マッチングサイトの種類と内容

サイトの種類	特徴
本格系マッチングサイト	サイトの使いやすさやリニューアル頻度、サポート体制、譲り渡し手・譲り受け手・専門家の数などが充実している。
IT企業系マッチングサイト	まさにIT企業が始めたマッチングサイトで、M&A業界にはなかった発想でサイトが構築されており、アルゴリズムや情報開示の方法などにも特徴がある。
業種特化系マッチングサイト	飲食業や不動産業など、ある特定の業種の譲り渡し案件を中心に扱っている。
M&A専門会社系マッチングサイト	仲介会社が運営しているマッチングサイト、FA会社が運営しているサイトがある。
その他	税理士会が運営しているサイトなどがある。

登録者の9割は後継者候補

ここで小さな会社の社長である皆さんにとって、重要な情報がある。それは、これらマッチングサイトに登録している人たちのことである。実はそのほとんどが後継者候補であるということだ。

とあるサイトでは、登録者の9割が後継者候補であると公表している。

Ⅱ-4で「後継ぎ予備軍」として多様多数の後継者候補を紹介したが、まさにその通りの状況がマッチングサイトの登録者数に表れている。

ということは、後継ぎ不在の社長の皆さんにとっては、チャンスが広がっているということだ。廃業を選択する前に、マッチングサイトの登録に是非チェレンジしてみよう。

ご自身で登録が難しい場合は、会計事務所に相談することをお勧めする。特に「第三者承継支援」を行っている会計事務所や、マッチングサイトを活用した実績があればなお安心だ。

用語解説

仲介会社
同一のアドバイザーが譲り渡し手と譲り受け手の双方の間に立ち、交渉の仲介を行う。マッチングに強みがある。

FA会社
ファイナンシャル・アドバイザー会社の略で、譲り渡し手と譲り受け手どちらかと個別に契約を結び、一方のみの第三者承継業務をサポートする。

POINT

- □ マッチングサイトはサービスや機能が充実している
- □ サイトの登録者の9割は後継者候補なので、後継ぎ不在の社長にはチャンス！

Ⅲ

失敗しない第三者への事業引継ぎのための事前準備10ポイント

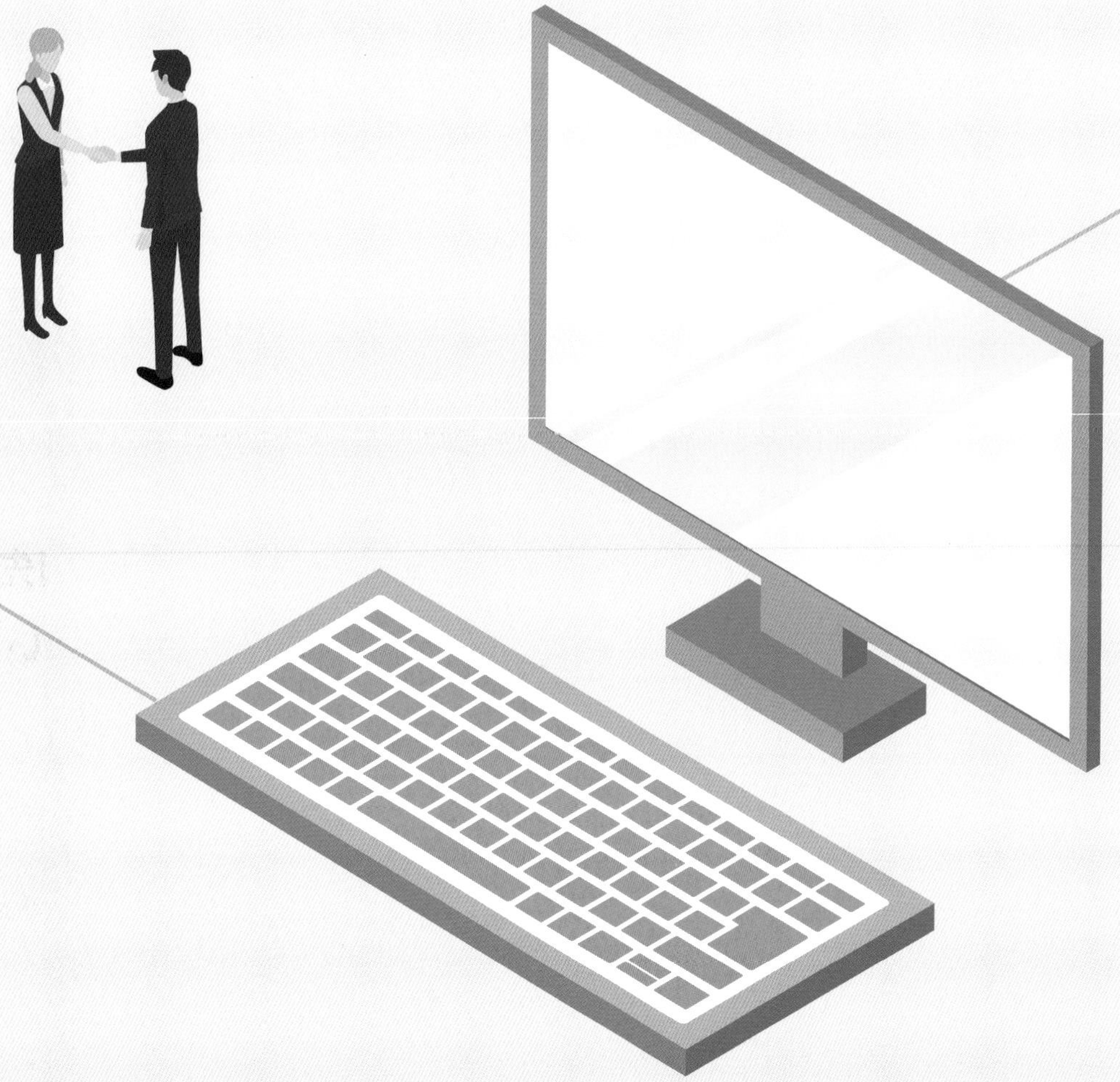

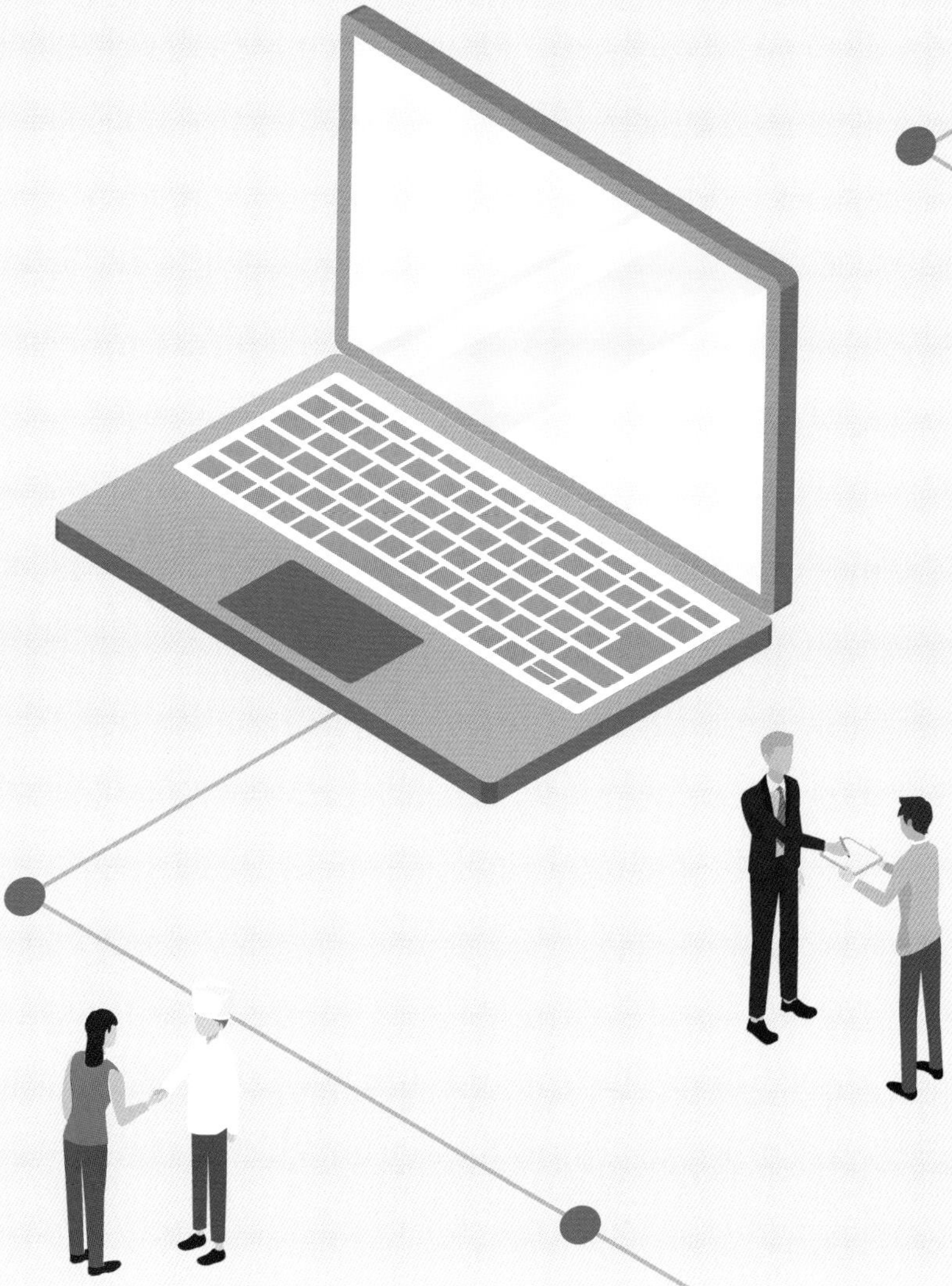

株式、書類、決算書、私的経費、関係会社など
第三者へのスムーズな事業引継ぎのためには入念な事前準備が欠かせない。
また、オーナー社長が知っておくべき心構え、家族・従業員・取引先への伝え方、
サイトに登録すべき情報の正確性、企業価値ＵＰの秘策などについても
確認しよう。

Ⅲ-1

株式対策を理解する

「廃業ではなく承継」を決断した社長が最初にやるべきこと～株主の整理

「5つの整理」は早めに着手!

失敗しない第三者への事業引継ぎのための事前準備として、重要なのが「5つの整理」である。

5つの整理

1. 株主の整理
2. 書類の整理
3. 資産・負債の整理
4. 私的経費の整理
5. 関係会社の整理

どれも早めの着手が成功のカギになるので、覚えておいてほしい。

「株主の整理」は「別表第二」の確認から

そもそも会社は誰のものかご存じだろうか。

社長(=役員と仮定)のものと思われるかもしれないが、厳密には違う。会社は「株主のもの」である。多くの小さな会社では、社長=株主であるので、その場合は社長のものということになるが、会社の最高意思決定機関は株主総会であることを覚えておいてほしい。

では、誰が株主で、株主それぞれの所有割合はどうなっているのかは、小さな会社の場合、どうすればわかるのだろうか。小さな会社で「株主名簿」や「株券」を作成しているケースは少ないだろうから、この場合、会社の法人税申告書の「別表第二」というものをチェックすることになる。これにより、株主名簿や株券に代わる株主の明細として、「氏名」「住所」「所有株式数」等が確認できる。

会社は株主のものであるのだから、会社を第三者承継で譲り渡そうと考える場合は、まず自社の株主が社長以外に誰で、その了解がきちんと得られるのかを確認する必要がある。

「名義株」や「不明株」の整理

平成2年の商法改正前においては、株式会社を設立するためには最低7人の発起人が必要であり、各発起人は1株以上の株式を引き受けねばならなかった。そのため、平成2年改正前の株式会社にあっては、株主が7人以上となるように、親戚や従業員等の名前だけ借りて体裁を整える、いわゆる「名義株」があるケースがある。

他にも、歴史の長い会社や、株主に相続が発生している会社などでは、一体誰が株主なのかが正確にはよくわからないというケースもあるだろう。

これら「名義株」や「不明株」がある場合は、まずは、誰が株主なのか現況を把握する必要があるが、そのために収集しておくべき資料を左ページに挙げておく。

左ページの資料に照らし合わせ、実質株主と名義上の株主が異なる場合には名義株主と交渉する必要

誰が株主かを把握するため収集しておくべき資料

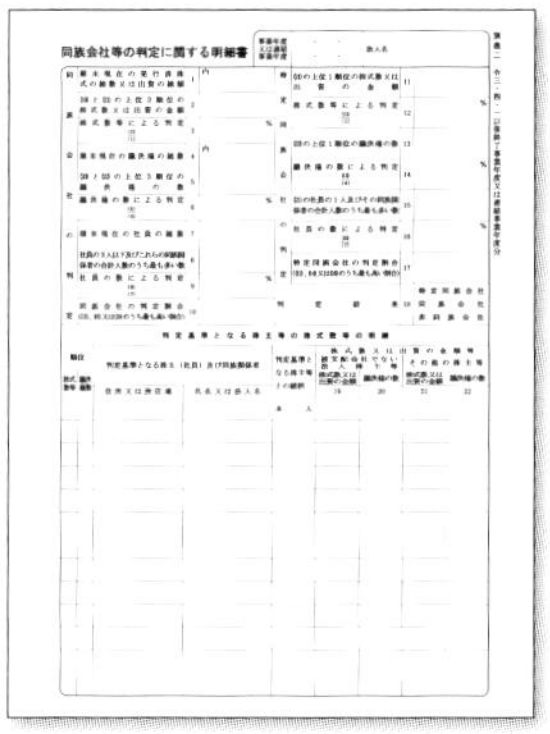

法人税申告書別表第二「同族会社の判定に関する明細書」

現在の株主名がわかる

原始定款

当初の株主名、住所、株数がわかる

過去の株主総会議事録

過去の株主の異動がわかる

遺産分割協議書

相続による承継がわかる

贈与契約書

贈与による承継がわかる

がある。名義株の場合は、本人の了承を得て名義を実質株主に変更することになる。

少数株主などについては、税務上の価格などをベースに買取価格を算出し、個別に交渉することになるが、第三者承継が近いとその承継対価を元に買い取らなければならなくなる可能性が高くなり、割高となるかもしれない。早めの株主整理をお勧めする理由でもある。

株券不発行会社に変更

平成18年に会社法が施行され、原則株券不発行会社になったが、それ以前は株券発行会社が原則であった。その影響もあってか、実際は株券を発行していないのに、株券発行会社となっている会社もある。

自社がどちらなのかは登記簿謄本を見ればわかる。

株券を実際は発行しておらず、株券不発行会社で問題がないようなら、第三者承継の手続きを始める前に、定款及び謄本上株券不発行会社に変更されることをお勧めする。買い手にあらぬ疑念を抱かせないためである。

POINT

- □ 誰が株主なのか現況を確認しよう
- □ 早めの株主整理が対策のコツ

Ⅲ-2

必要書類の整理

書類の整理
～後継者の立場に立って書類を整理し、知識をマニュアル化

後継者の立場に立って書類を整理

廃業ではなく承継を決断した社長がやるべき2つ目は、会社にある「書類の整理」である。

第三者への承継を決断したら、常に後継者側の立場に立って日々の仕事や経営をしていくことが大切である。「自分が後継者側であれば、こんなグチャグチャな帳簿を渡されたら怒るだろうな」と思うのであれば、第三者がみてもわかるように事前に整理をしておくべきであろう。

更に後継者側の視点に立って、「こういう資料を事前に準備しておいてもらうと助かるな」と思えるようなものがあれば、やはり対応することが賢明である。

事前準備資料の中でも、左記の5つは最低限必要な資料となる。

- **会社登記簿謄本**
- **決算書及び税務申告書一式3期分**
- **直近の試算表**
- **主要人員の経歴書**
- **社内規定（就業規則、給与賞与規程、退職金規程）**

これまでなかった書類を作成する必要は？

「会社登記簿謄本」や「決算書及び税務申告書」が存在しない会社はあり得ないが、社内規定である「就業規則」や「退職金規程」が存在しない会社はある。

ではこの場合、小さな会社の第三者承継において、新たに就業規則や退職金規程を作成する必要があるのだろうか。

答えは、ノーである。これまでなかった書類をわざわざ作成する必要はない。しかし、その社内規定及び書類がないことはきちんと後継者側に伝えておかなければならない（法律上必要なものが整備されていないケースは問題ではあるが、この論点はここでは割愛する）。後継者側の立場に立てば、事業を引き継いだ後、従業員などの退職金をいつまでにどれくらい準備しなければならないのかなどを把握するために、これらの資料を要求するのである。

事前準備する書類は最初は一覧に掲げたもののうち赤字のものだけでいいが、承継が決まったら最終的には一覧に掲げた書類すべてが必要となるので、参考にしてもらいたい。

多くの書類を準備するのは大変と思われるかもしれないが、やはりここは後継者側の立場に立って、作業を進めてほしい。

社長が会社経営で培った知識をマニュアル化

小さな会社の場合、営業も、入金や請求書発行など経理も、更に

は商品開発までも社長一人で行っているケースはよくある。

しかし承継後はそのまま継続雇用となることが多い従業員とは異なり、社長のほとんどは1ヶ月から1年以内には実質的に退職となる。

つまり、社長は、承継後は最終的には会社からいなくなるのである。

後継者候補側の方からよく「その会社は社長がいなくても経営がスムーズに回りますか」と聞かれることがある。

要は、後継者側は社長がもっている「暗黙知」をきちんと譲り受け後に承継できるのかということが心配なのである。

であれば、社長の「暗黙知」を「形式知」に置き換える作業として、「メモ書き（マニュアル）」を作成することをお勧めする。

現在小さな会社でここまでできている会社は非常に少ないので、社長が会社経営で培ってきた知識がマニュアル化されていたら後継者候補側に好印象となり、結果的に良い条件で引き継いでもらえる可能性が高まるだろう。

第三者承継のための必要書類一覧

1. 会社概要資料	① 定款
	② 会社登記簿謄本
	③ 株主名簿
	④ 会社パンフレット
	⑤ 許認可証
2. 財務資料	① 決算書及び税務申告書一式3期分
	② 直近の試算表
	③ 不動産登記簿謄本及び固定資産税納付書
	④ 事業計画書
	⑤ 最近の税務調査関連資料
3. 営業資料	① 製品やサービスカタログ
	② 店舗や事業所の概況
	③ 得意先資料
	④ 仕入外注先資料
	⑤ 在庫資料
4. 人事資料	① 組織図
	② 主要人員の経歴書
	③ 従業員名簿
	④ 直近の給与台帳及び年末調整資料
	⑤ 社内規定（就業規則、給与賞与規程、退職金規程）
5. 契約資料	① 取引基本契約書
	② 生産・販売委託契約書
	③ 賃貸借契約書
	④ 金銭消費貸借契約書
	⑤ リース契約書
	⑥ 保険契約書
	⑦ その他重要契約書

※赤字のものは特に重要なもの
※法律上必要なものを除き、承継前になかった書類は作成しなくてもOK

POINT

- □ 後継者の立場に立って書類を整理しよう
- □ 社長が会社経営で培った知識をマニュアル化しておこう

Ⅲ-3

決算書に係る問題の対策

資産や負債の整理
～資産の実在性や時価評価、簿外負債の事前開示が重要

「貸借対照表」や「減価償却台帳」の確認

第三者への承継を決断したら、必ず自社の「貸借対照表」の内容を確認してほしい。

身内ではない第三者は、会社の状況が決算書に掲載されている通りだと信じて皆さんの会社を承継しようと準備している。しかし、会社の実態は決算書と異なる部分が多々あるものだ。そのため、図に掲げたように「資産の整理」及び「負債の整理」が必要となってくる。

また、資産の中でも機械装置や車両などの減価償却資産については、別途「減価償却台帳」が存在しているはずなので、こちらの内容も確認してほしい。

資産の「実在性」「時価評価」をチェック

これら貸借対照表や減価償却台帳で確認してほしいのが、資産の「実在性」や「時価評価」である。

びっくりされるかもしれないが、存在していない資産が貸借対照表に計上されたままとなっている小さな会社は思いのほか多い。例えば、「過去に粉飾決算をしてありもしない売掛金や在庫が計上されたままになっている」「新しい機械を買った時に古い機械を下取りに出したが、会計事務所に伝わっておらず古い機械が計上されたままになっている」「過去に貸倒れとなった売掛金が計上されたままになっている」などである。

後継者候補側は最初に決算書をみて承継予定の会社をイメージする。機械装置と計上されていれば、機械装置が実際にあるのだと理解する。もし事業承継の交渉終盤でその資産が存在しないと発覚すれば、せっかくのご縁がご破算になる可能性があるので注意が必要だ。幽霊資産がみつかったら、他にもそのような資産があるのではないかと疑うのが通常であろう。

この場合、できれば承継前の決算で、資産が存在しないものは消去仕訳を計上しておくべきだ。会計事務所に仕訳を依頼している場合は、会計事務所に消去仕訳をするようにきちんと伝えておこう。

また、貸借対照表に計上されている資産の帳簿価額が、実際の時価と大きく乖離している場合も、承継前に社長が把握しておき、後継者候補側に事前に伝えておくべきだ。

例えば、「過去に適正に減価償却していない機械や車両等の資産」「購入した時と現在の時価が大幅に乖離する土地や有価証券」「売れ残り在庫」などである。

貸借対照表に機械装置１００万円と計上されていれば、後継者候補側は、約１００万円の価値のある機械装置があるのだと理解する

資産の整理

1. 存在しない資産が計上されていないか
2. 不良資産といえるものがないか
3. 帳簿価額と時価に大きな乖離がないか
4. 簿外資産がないか
5. 売却対象外となる資産がないか

負債の整理

1. 簿外負債がないか
2. 社長が個人保証（人的保証）しているものはないか
3. 社長の自宅など物的保証しているものはないか

貸借対照表

左側（借方）　右側（貸方）

資　産		負　債	
現　金	200	支払手形	600
当座預金	800	買掛金	400
受取手形	300	借入金	800
繰越商品	100	**純資産**	
建　物	1,000	資本金	1,000
備　品	600	当期純利益	200
合計	3,000	合計	3,000

減価償却台帳

XX年3月31日現在

取得年月日	名称等	期末数量	耐用年数	取得価額	期首帳簿価額	当期減価償却費	期末帳簿価額
備　品							
XX年4月1日	建物A	1	22年				
XX年8月1日	機械B	2	10年				
XX年9月1日	備品C	1	6年				
小　計							

資産の「実在性」と「時価評価」をチェック

のが当然だ。
この場合も可能なら、承継前の決算で時価評価しておくのも一つの方法である。

「簿外資産」や「売却対象外資産」のチェック

逆に、実際は存在しているのに貸借対照表に計上されていない簿外資産が発生しているケースも時々ある。これは後継者候補側にとってはプラス要素となるが、社長にとっては事業を安く譲り渡してしまうことにもなりかねないので、事前にきちんと把握しておくべきだ。

例えば、独立行政法人中小企業基盤整備機構が運営している**経営セーフティ共済（中小企業倒産防止共済制度）**に加入している場合、その掛け金は、多くの会計処理上全額費用扱いである。しかし、この経営セーフティ共済は40ヶ月以上払い込んだ後解約した場合に今まで払い込んだ掛け金全額が戻ってくる。つまり、この経営セーフティ共済は簿外資産となっていることが多いのである。他にも、経営者保険と呼ばれる解約を前提としたものも似たような仕組みとなっており、簿外資産となっていることが多い。

一方、第三者承継後も個人的に乗りたい「社長用の車」等があれば、「売却対象外資産」として、事前に後継者候補側に伝えておく必要がある。こちらも、最初から伝えておくと問題とならないことが多いが、交渉の終盤で後継者候補側に伝えることになると、交渉条件が悪くなる可能性が高い。

簿外負債は事前開示が重要

ここからは、貸借対照表の「負債」について説明する。この負債は、後継者候補側が一番気にする項目といっていいだろう。何を気にするのかというと、貸借対照表に計上されている買掛金や借金ではなく、計上されていない「簿外負債」があるのかどうかという点である。

小さな会社でよくある簿外負債は、「退職金負債」と「社会保険未加入負債」である。

退職金規程がある場合は、その計算式に則り現時点で既に発生している退職金額を概算把握しておき、後継者候補に事前に伝えておくべきである。

また、会社であれば社会保険への加入は必須であるが、残念ながら未加入の会社も現実的には存在している。このケースに該当する場合、そのことを後継者候補側に事前に伝えておくべきであろう。承継後に、後継者が国から追加徴収される可能性があるからだ。

もし交渉途中で後継者候補側の指摘によって社会保険の未加入負債が発覚したような場合は、破談となることが多い。後継者候補側としては、「他にも簿外負債があるのではないか」と疑心暗鬼になるからである。

株式譲渡で会社を承継した場合、承継後は簿外負債だけではなく、会社への訴訟案件やそれにまつわる損害賠償請求など、基本的にはすべて後継者側が責任を負うことになる。

そのため、第三者承継における簿外負債の事前開示は重要といえるのである。

人的保証や物的保証

他に負債で事前に確認しておくべきなのは、社長個人が借入金やリースで個人保証しているかどうかや、自宅などの物的保証をしているかどうかである。

可能であれば、第三者承継手続きに入る前に、これらの保証を外しておくのがベターではあるが、そうもいかないことが多いだろう。

この場合、これら人的保証や物的保証を一覧にしておき、「人的保証及び物的保証を外すことが承継の条件である」と、事前に後継者候補側に開示しておく必要がある。

売却対象資産の確認リスト

科目	科目詳細	第三者承継対象外（会社→社長個人へ）
車両運搬具	普通乗用車	○
車両運搬具	トラック	×
車両運搬具	軽乗用車	×
備品	パソコン（社長用）	○

小さな会社でよくある簿外資産

節税目的の経営者保険

経営セーフティ共済

小さな会社でよくある簿外負債

顕在化しなければ問題とならないかもしれないが
他の会社への連帯保証

承継後に過去分を請求されることもある
未払残業代

承継後に過去分を請求されることもある
社会保険未加入負債

従業員退職時に顕在化する
退職金負債

用語解説

経営セーフティ共済（中小企業倒産防止共済制度）
取引先が倒産などした場合に掛け金総額の10倍までの金額（8,000万円以内）の融資が、無担保・無保証・無利子で受けられるというもの。毎月支払う掛け金が全額費用となり、掛け金を40ヶ月以上支払うと解約手当金が100％戻ってくるため、節税対策として利用しているケースが多い。

未払残業代
従業員に請求権があるものの未だ支払われていない残業代のこと。従業員からの請求によって発覚するケースがあるなど把握が難しく、譲り渡し手にとっては売却価額にも影響がある。また、簿外債務を引き受ける譲り受け手にとっては大きなリスクのひとつである。

私的経費の整理

～承継後削減可能な私的経費の把握は社長にとっても得する話

後継者候補側が知りたいのは承継後利益

最も後継者候補側の関心が高いのが、「承継後の損益計算書がどうなるのか」である。

つまり、「承継後に承継前の売上高がある程度見込めるのか」「承継後の利益はどうなるのか」ということである。

特に小さな会社での承継後利益算定における「経費」については、「加減算が必要」となることが多いので留意が必要である。

例えば、承継後に営業力強化で増員を考えているのであれば、承継後利益算定においてはマイナス要素となる。

一方、社長経費的なもので承継後に削減が見込めるのであれば、承継後利益算定においてはプラス要素となる。

社長経費的なものの把握は、実はオーナー経営者側としては後継者候補側へのアピールへとつながるので重要である。

廃業ではなく承継を決断した社長がやるべき4つ目の項目は、この「私的経費の整理」である。

社長の私的経費は承継後削減でき、後継者候補にはプラス要素

社長の携帯代や家族給与等（＝私的経費）で、後継者候補側が承継後に削減可能と考えるものは、「承継後利益にプラス要素」となる。つまり、社長やその家族の私的経費の把握をすることは、後継者候補にプラスのアピールができるという意味で、実は社長が得する話なのである。

更にいえば、小さな会社での承継対価の実際の決め方の大半は、左記の算定方法となっており、利益が上がると承継対価の目安も上昇傾向となるのである。

小さな会社における承継対価の一般的な算定方法

承継対価 ＝ 利益×1～3年分 ＋ 時価純資産価額

利益というのは、営業利益や経常利益、税引後利益などケースによって様々であるが、よく承継に使われるのは「承継後の減価償却費計上前営業利益」である。減価償却費は、過去に社長が設備投資したものに対する「キャッシュアウトしない経費」であるので、後継者候補側においては、それをなかったものとして調整を加えることになる。

社長である皆さんが、自社の損益計算書において計上している私的経費があれば、承継前に一覧にするなどして、金額も含めて把握しておくことをお勧めする。

小さな会社でよくある私的経費

経費	内容	チェック
通信費	承継後不要となる社長や家族の携帯代、インターネット代など	
接待交際費	承継後不要となる社長や家族の飲食代、接待飲食代、ゴルフ代、贈答代など	
役員給与	承継後不要となる家族への給与、「給与手当」に含まれている場合もある	
旅費交通費	承継後不要となる社長や家族の出張日当代、タクシー代など	
車両費	承継後不要となる車両関係費用（車検代、保険料、ガソリン代、駐車場代など）	

小さな会社でケースによって発生する私的経費

経費	内容	チェック
保険料	承継後不要となる節税目的や資産運用目的の保険料	
新聞図書費	承継後不要となる新聞代や書籍代など	
寄附金	承継後不要となる寄附金	
地代家賃	承継後不要となる倉庫家賃、事務所家賃など	

私的経費に該当するもの

では一般的にどんなものが私的経費に該当するのであろうか。

まずどんな小さな会社でもよくあるのが、承継後不要となる社長やその家族の「通信費」「接待交際費」「（家族）役員給与」「旅費交通費」「車両費」である。これらの経費があれば、後継者候補側へのアピール材料となる。

他にも、ケースによって発生する私的経費として、節税目的や資産運用目的である「保険料」や、承継後不要となる「新聞図書費」及び「寄附金」、後継者側で合理化を図れる倉庫や事務所家賃などの「地代家賃」などがある。

POINT

- □ 後継者候補側は承継後利益を気にしている
- □ 承継前に私的経費について金額も含めて把握しておこう

関係会社の整理
～資産の会社間移動や現物支給の役員退職金を活用

関係会社があると第三者承継が難しくなる傾向

小さな会社で複数社の経営をしているようなケースは、少ないであろう。しかし次のようなケースはないであろうか。

- **事務所や工場、倉庫の名義は社長個人の不動産所有会社である。**
- **資産管理会社を持っている。**
- **以前商いが多かった時に作った中間会社がある。**

このように小さな会社でも、社長の個人会社に「工場家賃を支払っている」等のケースはある。

社長が現役で仕事をしている間であればもちろん問題はないが、第三者への承継となると、「その家賃金額は適正なのか」「保証金や権利金はどうなっているのか」「そもそも正式な賃貸借契約書は存在するのか」などの懸念が出てくる。

関係会社の整理がスムーズな承継につながる

そこで、承継を決断した社長がやるべき5つ目の項目は、「関係会社の整理」となる。

小さな会社の第三者承継はまだまだ認知度が低いこともあって、後継者候補側は疑心暗鬼になっていることが多い。そんな中、関係会社がいくつかあって、関係会社との契約書類の不備や契約金額に曖昧なところがあるとなると、スムーズな承継といきにくいのはご理解できるであろう。

今まで多数の小さな会社の事業承継のお手伝いをしてきて、はっきりいえるのは、「シンプルな会社には、多数の優良な引受け手が現れる」ということだ。

承継前に、関係会社を整理しておき余計な説明が不要の状態にしておくことは、小さな会社の承継ではとても大切な事項といえるだろう。

関係会社の整理の仕方

では具体的にどうやって、関係会社の整理を行えばいいのか。

例えば、過去には意味があったが今では2つに分けている必要がない2社があり、共に承継対象なのであれば、「会社合併」という法的手続きがある。

また逆に、承継対象の会社に、承継後もプライベートで使いたい社用車や承継対象外の不動産が計上されているようなケースでは、承継対象外の個人会社に一部を引き継がせる「会社分割」という法的手続きがある。

しかし、会社合併や会社分割という法的手続きには、専門家を交

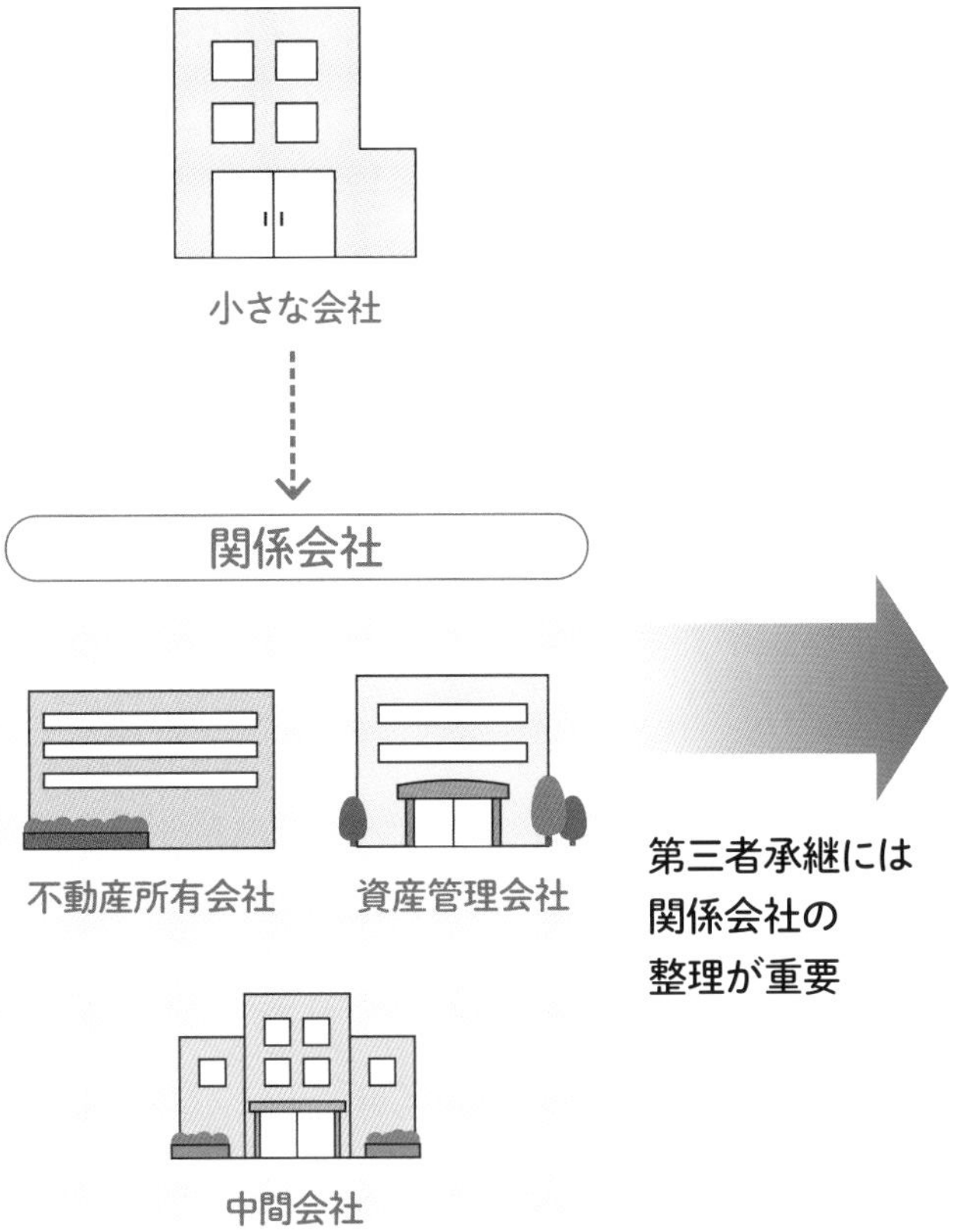

関係会社の整理方法

1. 会社合併や会社分割

2. 承継予定会社に事業用資産を集約、承継対象外の会社に承継対象外資産や個人資産を集約（役員の退職金の活用も有効）

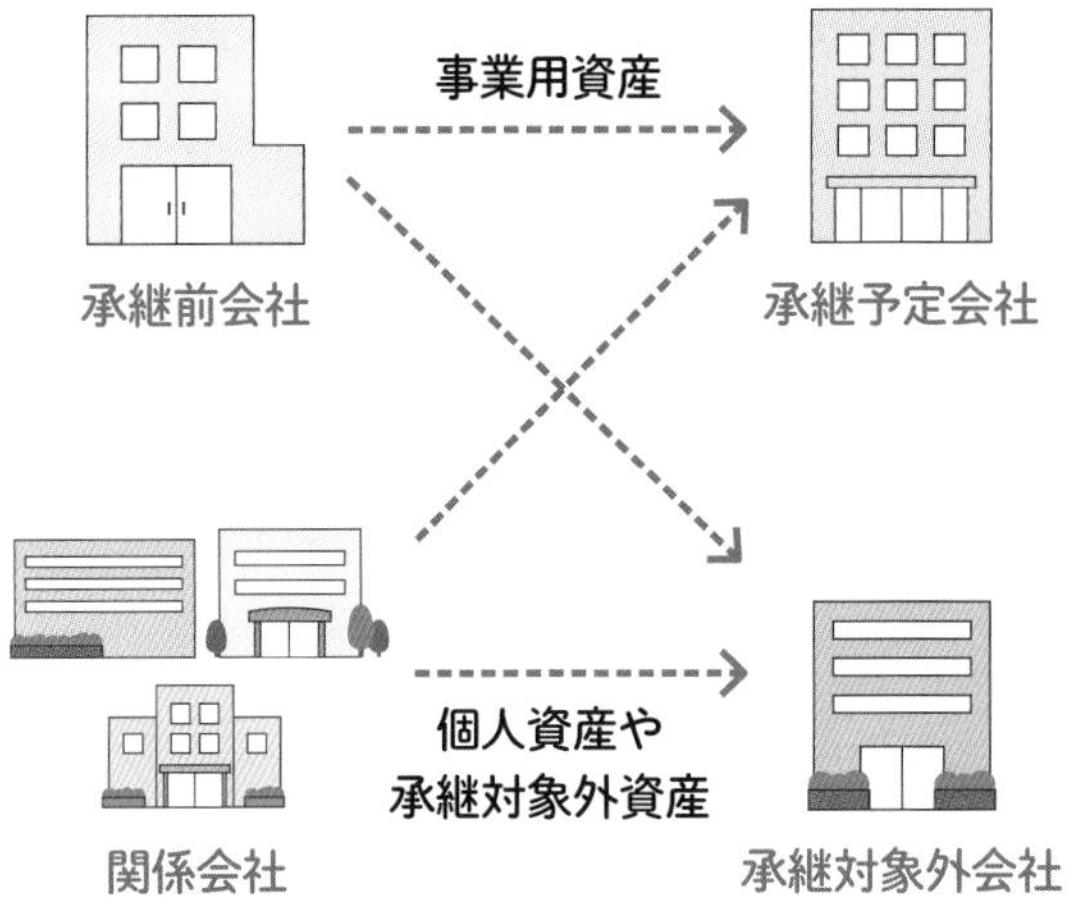

小さな会社でも、「不動産所有会社」「資産管理会社」「中間会社」などの社長個人の会社が存在しているケースはある

え手間のかかる作業や費用が必要なため、小さな会社の承継では基本的にはお勧めしない。

ではどうするのか。

単純に「会社間の資産売却」や「役員退職金制度を使って社長個人に移す」という形をとるのがベターであることが大半だ。

具体的には、承継予定会社に事業用資産を集約し、承継対象外の会社に承継対象外資産や個人資産を集約するのである。または、第三者承継時に、社用車などを現物支給という形で社長個人に役員退職金として支給するのである。

POINT

- □ 関係会社があると第三者承継が難しくなる傾向がある
- □ 関係会社を整理するには資産の会社間移動、現物支給の役員退職金の活用が有効

用語解説

資産管理会社

法律で定義があるわけではなく一般的な俗称で、「株式や不動産、太陽光発電設備などの資産を持っている方が、その資産を管理するために設立する会社」のことをいう。

中間会社

法律で定義があるわけではなく一般的な俗称で、「例えば、自社で製造したものを直接ユーザーに販売するのではなく、いったん中間会社に販売し、その会社を経由してユーザーに販売するための会社」のことをいう。

Ⅲ-6

オーナー社長の心構え

会社を譲るとはどういうことか？

～法律的、実態的、心理的な準備が必要

会社を第三者に譲ることを法律的に説明すると…

「会社を第三者に譲る」ということは、法律的には一体どういうことなのかご存じだろうか。

株式譲渡という会社を丸ごと現オーナーから第三者へ承継する形式を例にとると、ずばり、「オーナー=株主が変わること」である。株券を発行している小さな会社はほぼないので、「株式譲渡契約書に旧株主及び新株主が押印する」という手続きをすることで形式的には会社を第三者に譲るということが実現することになる。

ほとんどのケースでは、株主変更とあわせて、代表取締役などの役員も変更の登記をすることになる。

Ⅲ-1でも説明したが、「社長が代わっても会社を譲ることにはならない」というのが押えておきたい大事な点である。会社の最高意思決定機関は、あくまで株主総会なのである。

「現物の引渡し」が必要

では、株式譲渡契約書に判を押して株主変更をすれば、それで第三者承継が実態的にも終了するかというと、それは違う。

何が足りないのかといえば、当然ながら「現物の引渡し」が必要ということである。具体的には、オーナー社長は後継者候補から承継対価を受け、逆にオーナー社長から後継者候補に事務所の鍵や会社通帳、印鑑等を渡さなければならない。

また、オーナー社長が連帯保証をしている借入金やリースがあれば、それらを通常は後継者候補に肩代わりしてもらう必要がある。社長の自宅が担保に入っている場合なども同様である。

これらは通常、売買契約書に義務や条件などとして詳細が記されることになる。

オーナー社長の心構えとは

では、上記で説明したことをオーナー社長が事前に理解しておけば、会社を第三者に譲ることが、真の意味で理解できたことになるのであろうか。

答えは、ノーだ。

では、小さな会社の社長が第三者に会社を譲る前に、何を理解しておかないといけないのか。

それは、これまで「社長」として築いてきたものがなくなり、ただの人になるということだ。これは、会社を第三者に譲る前に、是非知っておいてほしい。

会社を創業してから又は親などから承継してからずっと、会社の中はもちろん、取引先に行っても、更には、商店街に買い物に行く時でさえ、「社長、社長」と敬われ

「会社を第三者に譲る」とはどういうことか？

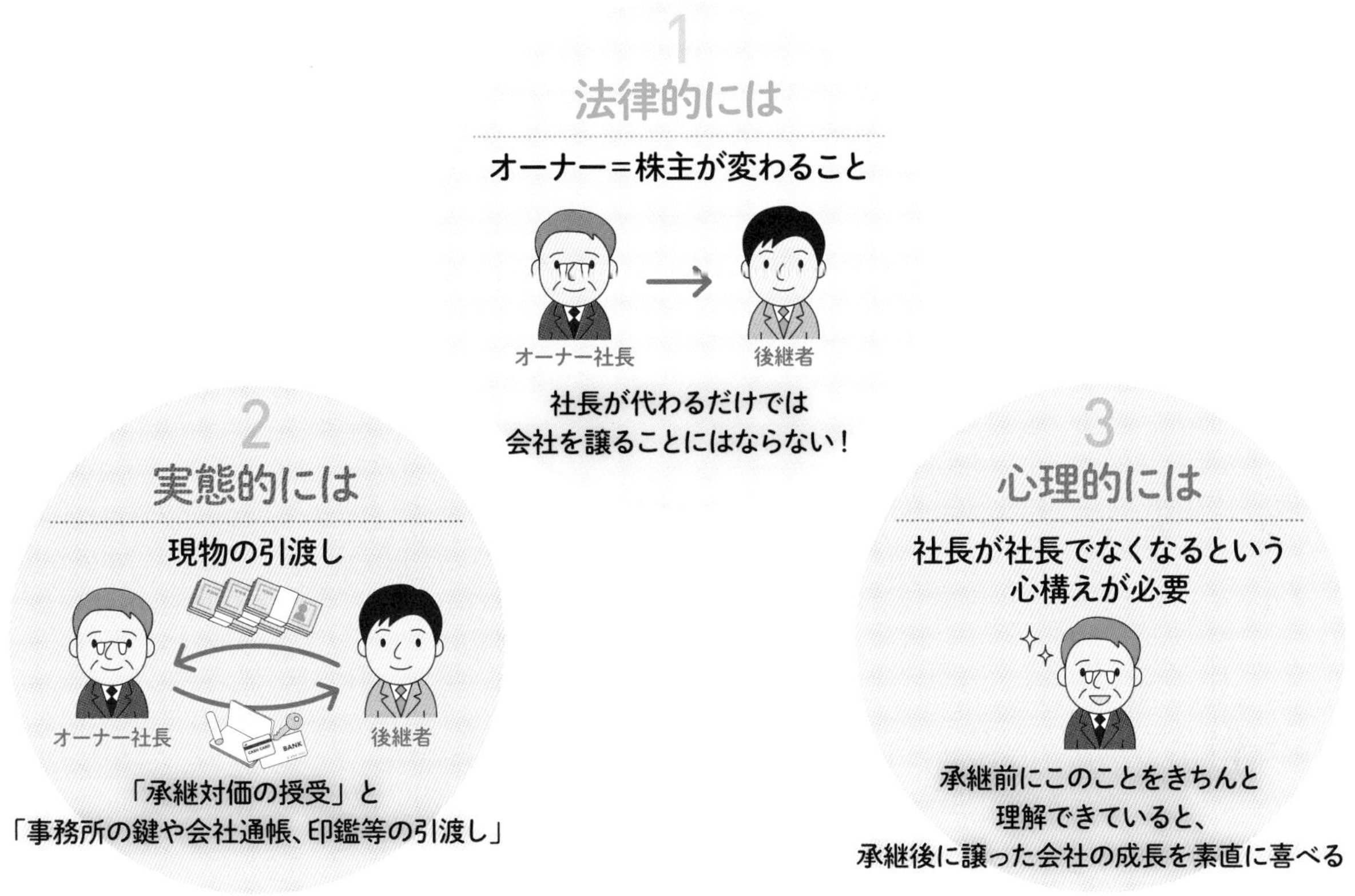
1
法律的には
オーナー＝株主が変わること
オーナー社長
後継者
社長が代わるだけでは
会社を譲ることにはならない！
2
実態的には
現物の引渡し
オーナー社長
後継者
「承継対価の授受」と
「事務所の鍵や会社通帳、印鑑等の引渡し」
3
心理的には
社長が社長でなくなるという
心構えが必要
承継前にこのことをきちんと
理解できていると、
承継後に譲った会社の成長を素直に喜べる

てきたと思う。

しかし、会社を譲った次の日からそういう状況はなくなるのである。

社長というものは、良くも悪くも日の当たる立場である。それが、第三者に会社を譲った途端に、ただの普通の人になるのである。

「そんなことはわかっているよ」「大したことではない」と思われるかもしれないが、このことをきちんと理解した上で、第三者承継の決断をしてほしい。

そしてできれば、会社を譲った後にしたいことなどを、配偶者などと事前にイメージしておくといいかもしれない。

譲った会社が良くなることを喜べるように

なぜこのようなことを書くのかというと、承継前に心の整理をきちんとつけている社長は、譲った会社が承継後良くなっていくことを心から祝うことができるからである。

どんなに優れた人でも、ジェラシーはある。譲った後2～3ヶ月間元社長が引継ぎとして会社に残ることがあるが、そんな時に従業員が以前よりもやる気を出していたり、結果として売上げや利益が向上したりしていると、本当は喜ぶべきことだとはわかっていても、嫉妬のような感情が芽生えてしまうことがある。しかし、事前に上記のような心の整理がついていると、自分を落ち着かせることができて、正気を取り戻せるだろう。

また一方で、それだけ素晴らしい後継者を引き寄せることができた社長自身も素晴らしい人なのだということも忘れないでほしい。

POINT

- □ 会社を第三者に譲るということは、法律的、実態的、心理的に準備が必要である

Ⅲ-7

マッチングサイトの使い方

ネット＋M&Aは怖くない！〜「秘密厳守」と「マッチングサイトに精通したアドバイザー」活用が肝

秘密を厳守し、専門家を活用すれば、M&Aもネットも怖くない

これまで「第三者承継」「親族外承継」等と表現していたが、親族以外の方に会社を譲るということは、実は立派な「M&A（エムアンドエー）」でもある。

M&Aと聞くと、少し怖いイメージがあるのではないかと思う。そしてこの書籍では、インターネット上のマッチングサイトを使って後継ぎを探そうと提唱しているので、ネットに不慣れな社長にとっては、更に恐ろしく感じるのではないだろうか。

しかし、マッチングサイトを使ったスモールM&Aは、秘密保持に気を付けて、マッチングサイトに精通したアドバイザーなどの専門家にサポートしてもらえれば、怖いことはなにもない。

秘密保持を安易に考えていると…

インターネットを使わずにリアルに後継ぎを探す場合も同様だが、「会社を第三者に譲る」ということは、実はトップシークレットな項目である。このことを社長がきちんと事前に認識しておくことが大切だ。

秘密保持を安易に考えていると以下のようになるかもしれない。

- **会社を第三者に譲ると社長が言った瞬間に、従業員が辞めてしまい、廃業しか選択肢がなくなった。**
- **後継会社が見つかり承継対価など詰めの作業をしているときに、安易に社長が大口取引先に第三者承継を口走り、取引先の担当者が慌ててしまい取引解消、承継断念となってしまった。**
- **金融機関の担当者に世間話の中で第三者承継の話を安易にしてしまい、設備投資資金の融資をやんわり断られ、結果、廃業するしかなくなった。**

第三者承継の話は、当の本人である社長はもちろん従業員や取引先、金融機関にとっても重要であることは覚えておいてほしい。

秘密を厳守するマッチングサイトとは

では、インターネットを使った後継ぎ探しで、きちんと秘密を守る又は守ってもらうにはどうしたらいいのだろうか。

これは単純だ。「秘密を厳守するマッチングサイト」を使うこと、「秘密を厳守するアドバイザー」を活用することである。秘密を厳守するマッチングサイトかどうかは、次の2つでわかる。

秘密を厳守するマッチングサイトかどうかの判断基準

1. 本人確認が厳格か？

↓ 譲り渡す側、譲り受ける側、アドバイザー側すべてにおいて厳格である必要がある。

2. サイト登録済み案件を3つ読み、自社に置き換えて問題ないと感じるか？

簡単に登録できてしまうようなサイトは、一見楽でいいように思うかもしれないが、こういうサイトに登録することは絶対に止めておいた方がよい。これは、M&Aに限らない話だが、ネットの世界でリアルと同程度の安全安心を得たいなら、本人確認の厳格さは肝である。

また、実際に自社と同様、後継者不足等の理由でサイトに登録されている譲り渡し案件を3つほど流し読みしてほしい。それを自社に置き換えてみて、「こういう表現の仕方であれば会社の特定はされないな」と安心できるようであればそのサイトは問題ないであろう（案件によっては敢えて情報をオープンにして広く後継ぎを探している場合もある）。

一方、サイトの登録やその後の手続きを依頼するアドバイザーなどの専門家については、マッチングサイトに精通しているかどうかが肝である。マッチングサイトに精通していれば、ネット上での秘密保持の締結の仕方やどの段階でどの情報を譲り渡し側に提供するかなどについても理解しているはずである。

POINT

- □ 秘密を厳守し、専門家を活用すればネットもM&Aも怖くない
- □ サイト登録時の厳格さやサイト掲載時の表現にも注意が必要

サイト登録時の本人確認で一般的に必要となるもの

		サイト登録時の必須情報	必要書類
譲り渡す側（オーナー社長）		「会社名」「代表者氏名」「所在地」「譲渡希望額」「譲渡対象」「譲渡理由」「業種」「地域」「事業内容」「売上高」「営業利益」など （注）サイトに開示されるのは、これら情報のうちの一部である。	「運転免許証」や「パスポート」など
譲り受ける側	個人	「氏名」「連絡先」「住所」「生年月日」「勤務先情報」「年収・保有資産」「保有資格」など	「運転免許証」や「パスポート」など
	個人事業主	「氏名」「連絡先」「住所」「生年月日」「事業者情報」「財務情報」など	「運転免許証」や「パスポート」など
	法人	「登録者氏名」「登録者連絡先」「登録者生年月日」「登録者役職」「会社情報」「財務情報」など	「名刺2枚」など
アドバイザー側		「登録者氏名」「登録者連絡先」「登録者生年月日」「登録者役職」「会社情報」など	「公的資格者証」、「運転免許証」や「パスポート」など

Ⅲ-8

関係者への説明方法

「家族」「従業員」「取引先（金融機関含む）」にいつ、どのように伝えたらいいの？

従業員や取引先、金融機関の立場に立って発言するのが大切

Ⅲ-7で第三者承継の話は従業員や取引先、金融機関にとっても重要である旨を説明した。

第三者に会社を譲るという社長の発言や行動によって、もしかしたら「社長に見捨てられた」と思う従業員もいるかもしれない。

取引先や金融機関の担当者によっては、「この会社危ないぞ」と上司に報告するケースもあるかもしれない。

しかし、このままいくと廃業しか選択肢がなかった後継者不在の社長が会社の存続と発展を図るために起こした行動が、「第三者承継への道」である。きちんと伝われば、皆がハッピーな道のはずである。

一般的には従業員にとって大事なのは雇用や待遇面であり、取引先などにとって大事なのは現在の取引に変化やマイナスの要素があるのかどうかだ。

第三者承継について伝えるときに大切なのは、従業員や取引先、金融機関など「相手の立場に立って」発言をすることである。

家族にいつどのように伝えるか

では、家族にはいつどのように第三者承継について伝えるべきだろうか。

特に、家族が自社株を所有している場合は、最終契約時に破談ということにもなりかねない（Ⅲ-1参照）。また、小さな会社の第三者承継でよくあるのは、社長以外にも家族役員や家族従業員がいるケースだ。名前だけというような場合はあまり気にすることはないが、業務上重要な立場にいる場合もある。

こういったことを考えると、自社株を所有している場合は特にだが、一般的には、家族には最初の段階から相談をしておくのがいいだろう。ただし、業務に全く関係なく自社株の所有もしていない場合は必ずしも事前に言う必要はない。

多くの家族が気にする事項は、「老後資金」や「関係者への影響」である。廃業ではなく第三者承継となると、これだけ手残りが増えて、雇用や取引先を守れるのだと伝えるのがいいだろう。

従業員にいつどのように伝えるか

では、従業員にはどのタイミングで伝えるべきだろうか。

これは意外に思うかもしれないが、後継者が決まり、最終契約書に判を押し、引渡しも済み、更に承継対価も受領してから、従業員

へ公表することがお勧めだ。「譲渡式」等という名目でこれらすべてを同日に行うのが、よくあるケースである。

　理由は様々あるが、一つには第三者承継は最後までどう転ぶかわからないことが多いからだ。早目に従業員に伝えてしまって途中で破談となれば、その後その従業員と円滑に業務を行っていくことは難しい。後継者候補との交渉途中で従業員の退職となれば、それが理由となって破談となることもある。

　後継者候補からの要望などで、事前に一部のキーマンといわれるような従業員（役員の場合もある）にだけ伝えるケースもあるが、オーナー経営者側としては慎重に対応したいところだ。

　また、第三者承継で従業員が一番気にするのは、何といっても、雇用環境についてである。例えば、雇用がきちんと継続されるのか、待遇が悪くならないのか、働く場所や新しい上司等含めて労働環境がどうなるのかといったことである。

　後継者候補側も従業員の退職は避けたいことが多いので相談しながらとなるが、「現在の雇用環境が何も変わらない」ということを従業員に伝えてあげられる状況であればベターである。

取引先（金融機関含む）にいつどのように伝えるか

　取引先とは、得意先や仕入先以外にも、FC本部や工場を借りている家主なども該当するが、「第三者承継により取引解消となる旨」が取引先との契約上定められていることがある。専門用語では、**COC条項**という。この条項は、第三者承継で取引先にとってあまり好ましくない方がオーナーになった場合などを想定して作られている。

　COC条項があるような場合は、第三者承継において後継者候補側と本格交渉となる前に、オーナー経営者側において事前に根回しが必要である。近年、第三者承継は絶対ダメというケースは少なくなったが、第三者承継の場合にどのような条件がつくのかなどの事前確認は必須である。

　また、金融機関から借入れがあったり、リースをしている場合に、社長が個人保証をしていたり社長個人の不動産を担保として提供している場合がある。

　これらは基本的に、譲り渡しの条件としてその解消を後継者候補側に事前開示しておくことになるが、先程と同様、後継者候補と本格交渉となる前に事前の根回しが必要である。

　取引先でCOC条項がない場合や、金融機関からの借入れやリースなどがない場合は、従業員と同様、第三者承継成立後に、「取引は今までと変わらない」ということを伝えることをお勧めする。

用語解説

COC条項

　チェンジオブコントロール条項といい、第三者承継等を理由として契約の一方の当事者に支配権（Control）の変更（Change）が生じた場合に、契約内容に何らかの制限がかかったり、事前通知義務があったり、他方の当事者によって契約を解除することができる規定のことである。

POINT

- □ **家族には事前に、従業員には第三者承継成立後に、取引先には一部を除き第三者承継成立後に伝えよう**
- □ **家族、従業員、取引先の立場に立って第三者承継を伝えることが大切**

Ⅲ-9

DDとノンネームシート作成

正確な情報をサイト登録

～後継ぎ選択の決め手も把握

DDとセラーズDD

I-4で説明したデューデリジェンス（Due Diligence）という言葉は、英語の頭文字をとって「DD」と省略されることもある。

デューデリジェンスとは、後継者候補がオーナー経営者と**基本合意**後最終契約を結ぶ前に、その対象会社の財務や労務などをチェックすることをいう。

また、セラーズデューデリジェンス（セラーズDD）というものもある。これは、第三者承継前に、オーナー経営者側がアドバイザー等に依頼して行う自社に対する財務や労務を中心とした調査のことである。

一般的には、セラーズDDを行う意味は、自社の情報の真実性・正確性を自ら確認することにより、最終契約時に**表明保証**義務違反とされるリスクを回避することにある。表明保証義務違反となると、契約解除や損害賠償などを要求される可能性があるからだ。

正確な情報をサイト登録することが大事

マッチングサイトに掲載する情報をA4用紙2枚ほどにまとめたものが「ノンネームバリューシート」である。ノンネーム、つまり非特定情報であるが、マッチングサイトでは「文字だけの情報」で後継ぎ候補に手を挙げてもらわないといけないので工夫が必要である。また、ネットの特性上、多数の後継ぎ候補が現れる可能性があるが、最後に契約するのは1社のみであるため、資金などの条件を具備した優秀な後継ぎ候補を探し出すことも、費用対効果や情報漏洩リスクを考えると重要だ。

セラーズDDを行わずに作成したノンネームシートでは、情報量が乏しいので、優秀な後継ぎ候補に振り向いてもらうことは難しい。そのため、少し手間はかかるが、セラーズDDを行った上でノンネームバリューシートを作成することをお勧めする。

大きな会社や有名な会社が本当にいいのか

では、上記のように作成した情報をマッチングサイトに登録して、後継ぎ候補が数社現れたとしよう。

その候補の中から後継ぎをどのような基準で選べばいいのだろうか。引き継いでくれるのがある程度大きく有名な会社の場合、資金面で不自由することが少なく、従業員や取引先の受けもいいかもしれない。

しかし、小さな会社のオーナー経営者は第三者承継の場合の後継者について半分ぐらいは大きくもないし、有名でもない会社を選択している。オーナー経営者側が

納得の上こうした選択をしており、結果的にうまくいっていることが多い。

後継者選択の決め手は、熱意、決断力、資金力、知識や経験

後継者を選択する上で大事な視点は、第三者承継をしようと考えた当初の理由ではないかと思う。

多くのオーナー経営者が考えた当初の理由は、「従業員の雇用の継続や取引先との継続取引」、更には「廃業よりも手残りが多いというお金の側面」ではないだろうか。

これらを実現してくれる会社こそ、良き後継ぎ候補といえる。

いくら大きい会社でも熱意が乏しく決断が遅ければ、良き後継ぎ候補とはいえない。また、いくら有名企業でも、資金力がなく業務知識や経験が乏しければ、候補の対象外と考えた方がいいだろう。

熱意や決断力がある、資金力がある、業務知識や経験が豊富であるなどの決め手があることが、後継者を選ぶ際には重要だ。

用語解説

基本合意

承継対象範囲やその金額等の基本条件を合意した段階でその内容を確認する意味合いで文書を締結することをいい、当合意で譲り渡し手が譲り受け手に「独占交渉権」と「買収監査」の機会を付与することが多いが、一部条項を除き法的拘束力は持たないのが一般的。

表明保証

譲り渡し手が譲り受け手に対し、最終契約書等において、対象会社に関する財務や法務等に関する一定の事項が真実かつ正確であることを表明し、その内容を保証すること。

高い価格で小さな会社を引き継いでもらうポイント

小さな会社の第三者承継において、できるだけ高い価格で会社を引き継いでもらうためのポイントは、以下の3つである。

できるだけ高い価格で会社を引き継いでもらうためのポイント

1. **複数の優秀な後継ぎ候補を集めるために、自社の情報を正確にマッチングサイトに登録すること**
2. **承継を決めたら、承継直前期の売上げや利益を上げる努力をすること**
3. **社長業の終活をすること**

引き合い件数が多いのは、デューデリジェンスを実施した会社

できるだけ高い価格で引き継いでもらうポイントの1つ目は、複数の優秀な後継ぎ候補を集めるために、Ⅲ-9で説明した正確な情報をマッチングサイトに登録することである。

これまで手掛けてきた承継事例でも、きちんと自社のデューデリジェンスを実施し、それに基づいた情報をマッチングサイトに登録している会社は最初の引き合い件数が多かった。

そして、価格や雇用継続などの条件でオーナー経営者の希望にそった形で交渉を進めることができているのである。

承継直前期の売上げや利益を上げる努力をする

ポイントの2つ目は、承継を決めたら、承継直前期の売上げや利益を上げる努力をすることである。

小さな会社の価格算定に、土地のような路線価や固定資産税評価額などの目安となる公的指標はない。

また、会社が小さければ小さいほど、取引事例のデータストックもない。

ではどのように価格が決められているのかというと、特に小さな会社の第三者承継でよく用いられるのが、左記の簡便的価格算定方法である。

小さな会社の第三者承継でよく用いられる簡便的価格算定方法

承継直前の利益金額 × **○年分** ＋ **時価純資産価額**

右記算式についてはⅤ-1で説明するが、なるべく高い価格で会

終活に向けてのリスト

☑ **社内資料や取引先一覧表など引継ぎ書類を整理する**

・重要な取引先や仕入先などが一覧できる状態になっているか

・取引先との安定した関係を構築するため、契約内容や条件などをチェックできているか

☑ **仕事の仕方やノウハウをできるだけ社内共有する**

・特殊な技能などのノウハウを共有できているか

・業種や職種に必要な免許の取得など社員教育の体制は万全か

☑ **社長がいなくても会社が回ることをイメージしてその準備をする**

・後継者候補に渡す資料に不備はないか

・マニュアル化できているか

社を第三者承継しようと考えると、承継直前期の売上げや利益を上げることが大切である。

つまり承継前に売上げや利益を上げるべく努力すると、それがそのまま会社の価格に反映されることが多いと知っておいてほしい。

もしそれほど売上げや利益を上げられなくとも、「売上げや利益が上がる傾向にあるのか」「下がる傾向にあるのか」というトレンドも価格算定や他の条件に大きく影響するので、たとえわずかでも上昇局面を作っておくということは、オーナー経営者側にとってとても大切なことになる。

社長業の終活をすること

ポイントの3つ目は、「社長業の終活をすること」である。

小さな会社では、特に仕事における社長への依存度が高い。

また、会社が組織化されていないため、書類の整理や情報の共有などで一般的な中小企業に大きく遅れていることが多い。

書類がきちんと整理されていて、重要な取引先や仕入れ先などが一覧できる状態になっていると、それだけで後継者候補へのアピールとなるのだ。

マッチングサイトに登録しても後継者候補がそれほど現れなかった場合や、努力しても承継直前期の売上げや利益を上げられなかった場合でも、このような終活を実行すれば、高い価格で会社を譲ることができる可能性がある。

POINT

- □ 承継直前期の売上げ等を上げる努力をすることが重要
- □ 社長がいなくても会社が回る仕組みを作ろう

Ⅳ

社長の皆さんのギモンに答えます

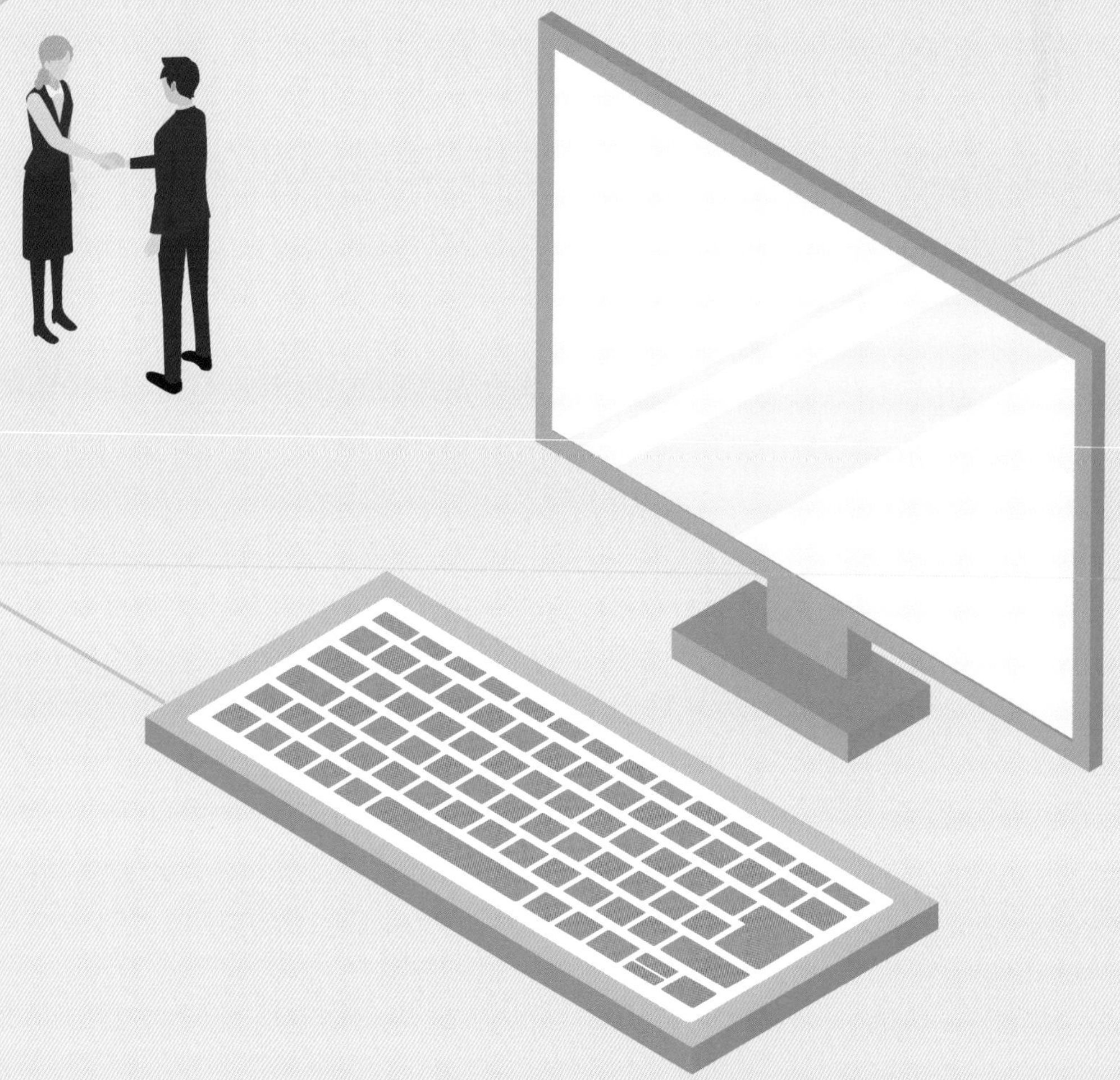

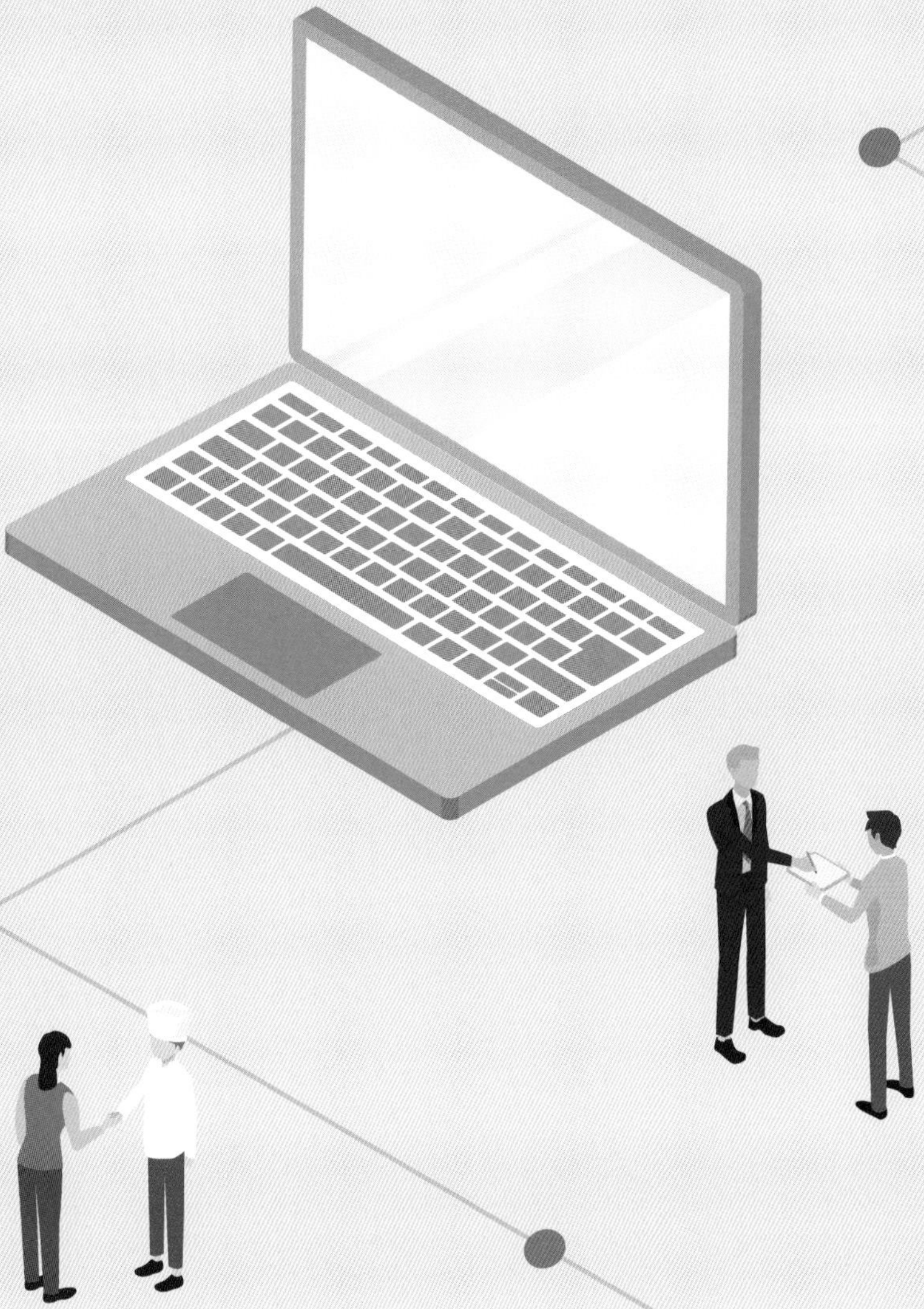

会社を第三者承継できる条件とは何か、
赤字や借金がある場合や個人事業の場合は引き継げるのかなど、
小さな会社の社長が事業引継ぎについて抱いている素朴な疑問について
わかりやすく解説する。
また、デューデリジェンスの重要性や引継ぎ後会社に残った場合の
会社との付き合い方などもチェックしよう。

Ⅳ-1

売却の条件

正社員0人・年商1,500万円、こんな会社でも第三者承継できるのですか？

Q

40年ほど前に始めたパン屋ですが、景気の良い時代は学校やホテル等への卸売も好調で、年間5,000万円の売上げがあり、正社員も2名いました。しかし現在では、年間売上げ1,500万円、正社員は0人で、数名のパートの方がいる状況です。

このような会社でも、第三者への承継（売却）ができるのでしょうか。

A

はい。マッチングサイトを使って探せば、可能性は十分あります。

マッチングサイトは後継ぎ探しの新しい手段

第三者への承継で一番大事なのは、「後継ぎ探し」である。つまり、それはその会社の価値を認めてくれる後継者候補を見つける作業であるといえる。

第三者に承継する場合、以前は友人や知人、従業員など周囲の人から探し出すしか手段がなかった。そして、その場合でも秘密保持の観点から、誰それ構わずに話をする訳にはいかなかった。

「例えばの話であるが……」と仮定の話をしたり、それとなく様子を探るなどしかできなかったのではないだろうか。

以前は小さな会社の社長が親族以外の後継者候補を探すのは非常に難しかったといえるだろう。しかし、そういった小さな会社に明るい未来を提示してくれたのが、「マッチングサイト」の出現である。マッチングサイトに登録すれば、ケースによっては後継者候補が平均して10社以上現れることもあるのだ。

20件弱の後継者候補が現れた実例

実例を紹介する。

対象会社は創業40年以上の関東近郊の金属メーカーで、年商700万円、正社員0人であった。

メーカーといっても工場や機械は保有せず、過去の製作実績や図面が多数あった。

マッチングサイトに登録してわずか1ヶ月ほどで、20件弱の後継者候補が現れた。その中で、お互いに実名を開示して本格交渉となったのは6件、リアルに面談したのは2件、そして40代の会社員が後継者に決まり最終契約、引渡しとなった。

ネットのマッチングサイトユーザーの9割は、実は譲り受け手である。また、その半分が個人というデータもある。個人といってもケースはいろいろあるのであるが、この例のように会社員が起業の一手段として会社を譲り受けるケースも最近では増えている。譲り受け手が多様化している事例でもある。

価値は見る人によって大いに異なる

オーナー経営者からすると、こんな小さな会社に対価を支払ってまで承継させてほしいという会社や個人がいることが信じられないかもしれない。

しかし、20件弱の後継者候補が現れる上記のような実例があるのである。

もちろん、どんな会社でも後継者候補が現れるわけではないし、1年以上後継者候補が現れない会社も複数ある。

一般的に、後継者候補が現れるかどうか、つまり後継者候補が対価を支払う価値があると考えるかどうかのポイントは、次の2点ではないかと思う。

後継者候補が現れるかどうかの2つのポイント

1. 価値がある
2. 価値があっても、条件が高すぎない

マッチングサイトに譲り渡し案件を登録すると、意外な会社が後継者候補として名乗りを挙げることがある。北陸の会社が関西の会社を、飲食業が製造業を、中堅企業が小さな会社を、などである。会社員なども後継者候補として参戦してきている。

例えば、異業種の会社が新規事業立上げを考えている場合に、一から始めるよりは、第三者承継の方が「時間短縮」や「費用対効果が高い」と考えるのであろう。たとえ規模が小さく売上げが減少傾向の譲り渡し案件であってもである。

つまり、オーナー経営者自身が考える小さな会社の価値は、エリアや業種、属性などが異なる立場から見た時は、良い意味で大きく乖離していることがある。

また、このように後継者候補に価値を認めてもらっても、条件が高すぎると、なかなか承継は成功しないということも知っておいてほしい。

条件とは主に承継対価となるが、それ以外にも社名の変更をかたくなに禁じる、取引先との契約や従業員の就業条件について過剰な要求をするといったことは控えたほうがいいだろう。

後継者候補が現れるかどうかの2つのポイント

1. 価値がある

オーナー経営者自身が評価する自社の価値

↕

新規事業を立ち上げたい会社、起業予定の方、エリア・業種・属性などが異なる会社などから見た場合には価値基準が異なる

2. 価値があっても、条件が高すぎない

後継者候補が見つかりづらいのは…

条件が高すぎる

- 承継対価が高い
- 取引先との契約や従業員の就業条件などについて過剰な要求をする

など

POINT

- □ **会社の価値は、見る人によって変わる**
- □ **条件が高すぎると後継者候補が見つかりづらい**

Ⅳ-2

負債会社の事業引継ぎ

赤字や借金があっても後継者はみつかりますか？

Q

親族に後継者はいません。昔のように身体が動かないので、ここ数年営業活動は行っておらず、当然赤字です。借金も残っていて、最後は機械と車を売却して清算しようと考えています。赤字で借金がある会社は、売却できないですよね。

A

いいえ。赤字や借金がある会社でも、第三者承継を実現している例は多数あります。

赤字の会社でもなぜ後継者が現れるのか？

Ⅲ-4でみたように、後継者候補が重要視するのは、「現在の利益」ではなく「承継後の利益」である。

承継後の利益算定では、オーナー経営者の個人的経費でも承継後に削減が見込めるのであれば、後継者候補にとってプラス要素となる。

また、後継者候補が左記の2条件を想定できる場合にも、同様に承継後利益の算定においてプラス要素となる。

- **赤字の原因が「高い仕入価格」だったため、同業で規模が大きい後継者候補が承継後に仕入価格を下げることができる。**
- **赤字の原因が「事務所家賃などの本部経費」だったため、空いたスペースの活用などで承継後に本部経費を下げることができる。**

赤字の会社でも、このようなことがあれば、譲り受け手は承継後に黒字化できると見込んで、承継を前に進めようとするのである。

借金のある会社でもなぜ後継者が現れるのか？

「赤字の会社では後継者が現れても、借金のある会社はさすがに第三者承継できないですよね？」と聞かれることがあるが、それも間違いである。

譲り受け手が小さな会社の第三者承継を検討する時は、「自前で一から始めることによる手間・コスト・時間」と「第三者承継による対価」を比較することが多い。

たとえ小さな会社に借金1,500万円があっても、「何もない所から一から始める場合にかかる手間やコスト、時間」と比べて承継した方が得となれば、譲り受け手は第三者承継を選ぶのである。

統計データからみえてくる第三者承継の実態

では、これらの事例はレアケースなのだろうか。

マッチングサイトを使った第三者承継（M&A）に関する数値データ

◆ 成約価格

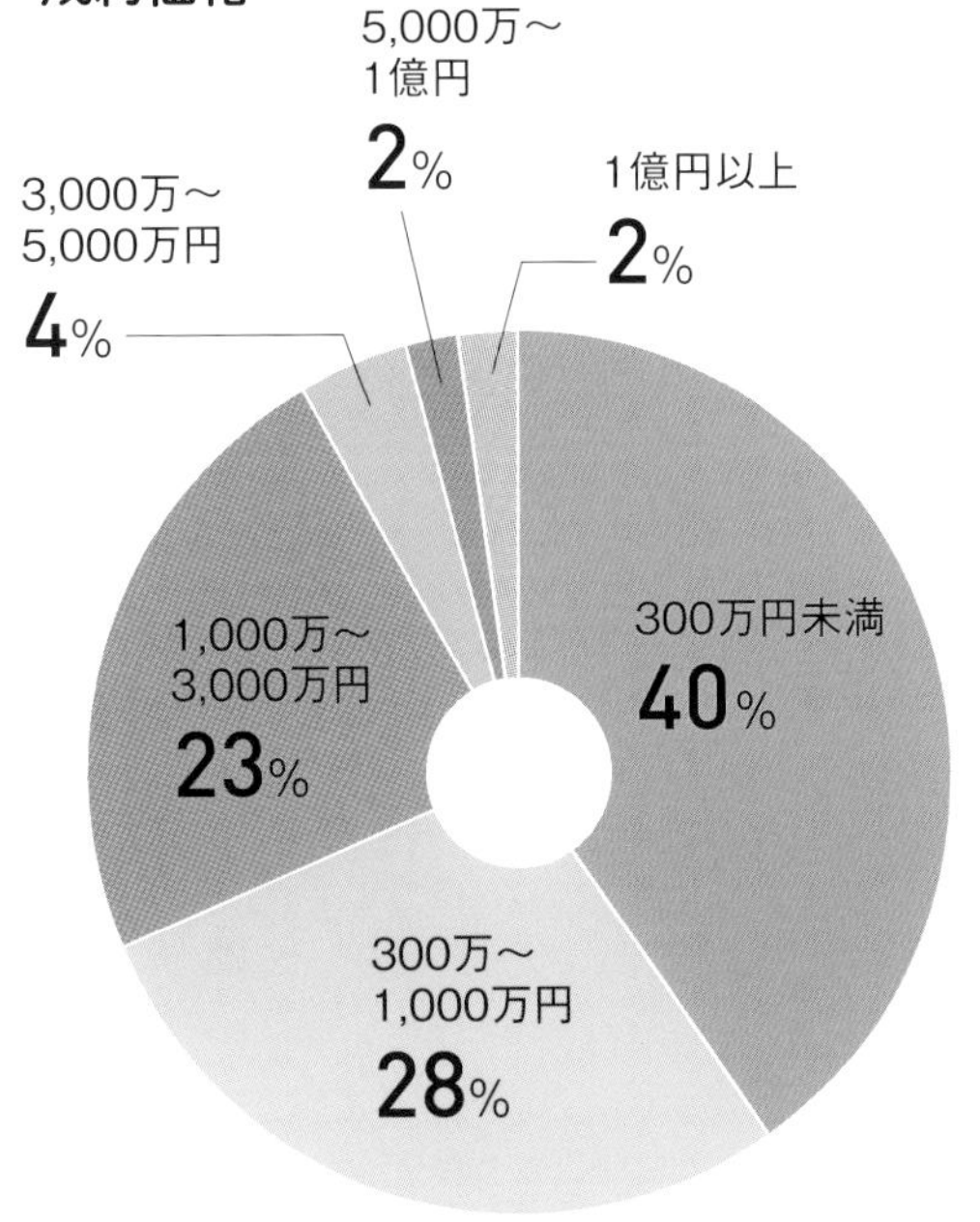

◆ 案件売上

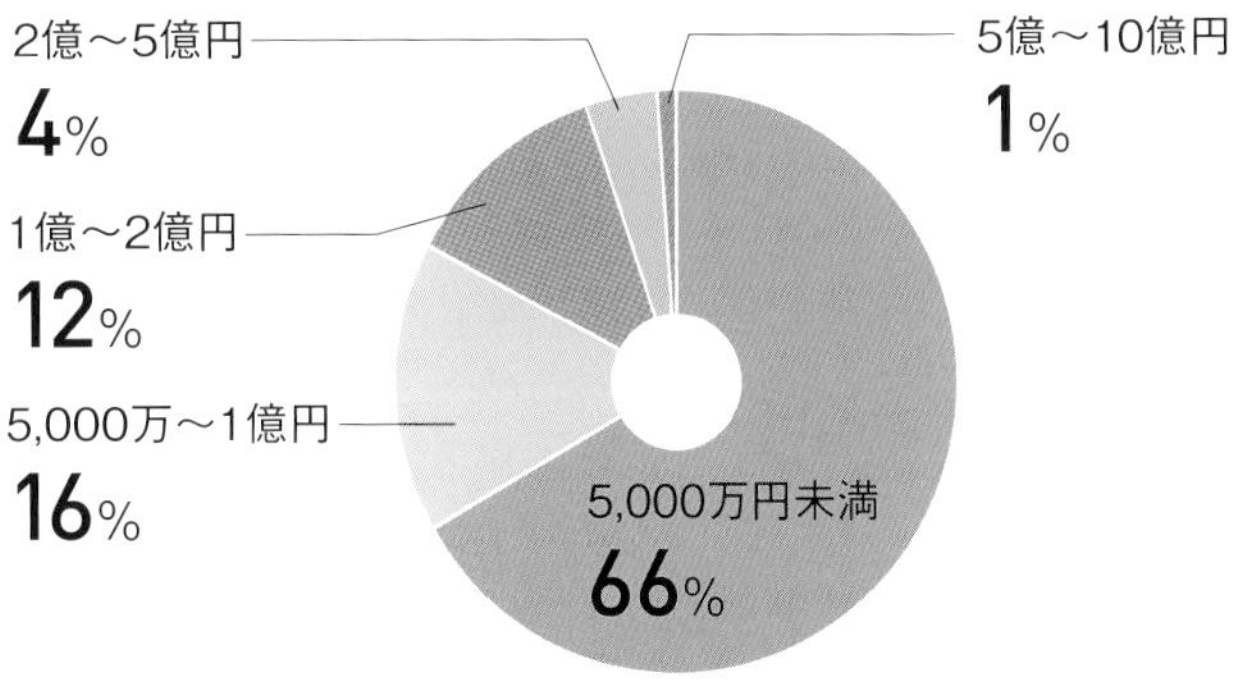

◆ 赤字／黒字

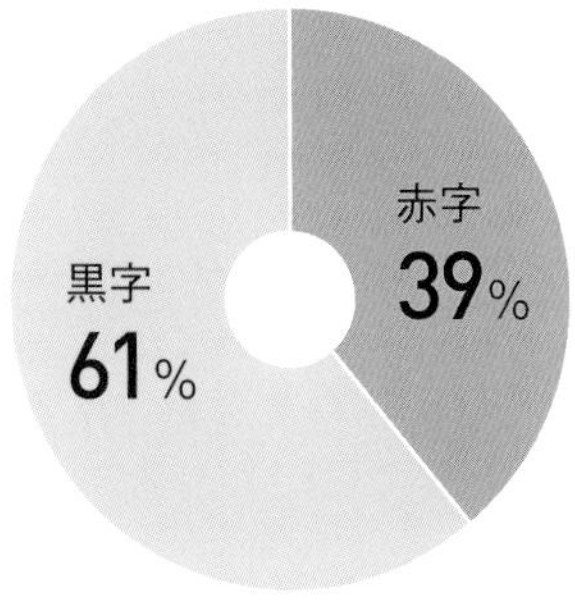

出典：株式会社バトンズホームページ

マッチングサイトを使って実現することができた第三者承継の統計データが公表されている。それを見ると、第三者承継が実現した事業者のうち、約4割が赤字となっているのである。オーナー経営者の皆さんに覚えておいてほしいのは、赤字の会社でも後継者候補は現れるということだ。決してレアケースではない。

ちなみに、マッチングサイトを使った第三者承継では、譲り渡し側の売上規模は年商5，000万円未満が66％と、全体の約3分の2となっている。また、成約価格も1，000万円未満が68％と、こちらも全体の約3分の2となっている（上図参照）。

つまり、現在のマッチングサイトを使った第三者承継では、中小企業というよりはむしろ「小さな会社」が主役なのである。

また、アドバイザーの立場からみても、小さな会社においては赤字であることが承継を妨げることにはならないと実感している。小さな会社では、赤字の規模もそれほど大きくないことが多いので、外注している仕事を承継後に内製化する（承継した会社に仕事を発注する）だけで黒字化できることはよくあるからだ。

一方、譲り受け手の立場では、赤字の会社であれば通常より安く承継できるのではないかと期待しているケースもある。また、赤字の規模が小さい場合には、そのまま承継しても問題ないと考えている譲り受け手もいる。

赤字や借金があっても、あきらめることはない。マッチングサイトに登録して後継者を探してみてほしい。

POINT

□ **赤字や借金があっても、黒字化できると見込めれば、後継者候補は現れる可能性がある**

個人事業でも第三者承継の対象になりますか？

Q **私は個人事業で豆腐屋を30年間続けてきました。息子が豆腐屋を継がないことになったので、廃業することも覚悟していますが、個人事業で第三者承継はできませんよね。**

A いいえ。個人事業でも第三者承継は可能です。しかし、承継までに時間があるなら法人成りすることをお勧めします。

個人事業と会社の違い

個人事業と会社の違いについて、売上高や従業員数、あるいは知名度などをイメージする人もいるかもしれない。しかし、これは間違いである。個人事業であっても売上高や知名度の高い会社は多数存在する。

個人事業とは、税務署への開業届の提出など簡単な手続きで、名前や屋号などを使って商売を始めることである。

一方、会社は事前に1ヶ月ほどかけて法務局で設立手続きを行い、設立費用がかかる。また、その会社の資金拠出者＝会社の所有者として株主が必要になる。もちろん、株主は社長が兼ねることも可能だ。

個人事業は「事業譲渡」しか選択できない

会社組織であると、株主を通じて会社を丸ごと売却する「株式譲渡」が選択できる。この場合、取引先との各種契約、従業員との雇用契約、事務所の賃貸借契約まで、原則的にはすべて譲り受け手に渡すことができるので、手続きは楽だ。特に事業を行うにあたって必要な許認可がある場合などは、そのまま承継ができると、譲り受け手にとって大きなメリットと感じることも多い。

一方、個人事業の場合は、会社組織ではないため、資産を1つずつ売却する「事業譲渡」しか選択できない。

事業譲渡とは、契約によって個別の資産・負債・権利関係等を移転させる手続きで、営んでいるすべての事業を譲渡することも一部の事業のみを譲渡することも可能となっている。

しかし、譲り受け手にとっては、事業譲渡の場合、すべての契約がまき直しとなるため、引き継いだ後に、取引先との契約が結べないリスク、従業員の退職リスク、賃貸借契約が結べないリスクが発生する。更には、許認可等は、原則、再度取得し直す必要がある。引き継いでも数ヶ月間事業が行えないということも、小さな会社の第三者承継では時々発生している。

法人成りも一考

個人事業でも第三者承継は可能であるし、多数行われている。ただし、先述のリスクを考慮すると、承継までに時間があるなら法人成りすることをお勧めする。

法人成りとは、個人事業を法人である会社に移行することであるが、実務的には個人事業で所有されている資産等を、図にあるような「売買契約」「賃貸」「現物出資」のいずれかの方法で移行することになる。

個人事業から会社に移行していれば、会社を丸ごと売却する「株式譲渡」を選択することができるようになる。

POINT

- □ 個人事業でも第三者承継は可能
- □ 時間があるなら、法人成りしておこう

個人事業は第三者承継できるのか？

↓

個人事業でも第三者承継は可能だが、第三者承継の手法は「事業譲渡」のみ

↓

事業譲渡では、取引先との各種契約、従業員との雇用契約、事務所の賃貸借契約、許認可などすべてが基本的にはまき直し

↓

第三者承継までに時間があるなら、個人事業主の方は法人成りすることをお勧めする。

個人事業が法人成りするときに資産等を移行する方法

個人事業で所有している資産等を下記いずれかの方法で移行する。

方法	内容
売買契約	個人事業主から法人へ資産等を売却すること
賃貸	個人事業主から法人へ資産等を貸し出すこと
現物出資	個人事業主が法人へ資産等を出資すること

IV-4

活用されるスキームの違い

株式譲渡と事業譲渡って、何が違うの？

Q 小さな会社の第三者承継の方法は、「株式譲渡」と「事業譲渡」があると聞いたのですが、どのような違いがあるのですか。

A 株式譲渡は、正の財産も負の財産も含めて、会社全体をそのまま後継者に引き継ぐ第三者承継の方法です。一方、事業譲渡は、個別に資産や負債を承継する方法で、後継者にとっては簿外負債を承継するなどのリスクを遮断できます。

第三者承継の方法としては、「株式譲渡」や「事業譲渡」以外にも、「会社合併」や「会社分割」などもあるが、小さな会社の第三者承継に限ると、「株式譲渡」と「事業譲渡」に大別できる。

株式譲渡とは？

株式譲渡とは、文字通り「株式を売る」ことであり、最もポピュラーな手法である。譲り渡し会社の株主が、自身が持つ保有株式を第三者に売却することを指す。一般的な小さな会社であれば、株主＝社長や社長家族であることが大半なので、社長及び社長家族が持っている自社の株式を第三者に売却するといえばわかりやすいだろう。また、一部売却というケースは少なく、100％株式売却となることが大半だ。

この場合は、取引先との各種契約、従業員との雇用契約、事務所の賃貸借契約、各種許認可など原則的にはすべてそのまま後継者に引き継ぐことができる。

事業譲渡とは？

一方、事業譲渡とは、会社の中の「事業のみを第三者に売却する」手法である。この場合、対象事業を全部としてもいいし、一部としてもいい。

事業譲渡の対象となる「事業」は、一定の目的のために組織化された有形無形の資産・負債、人材、事業組織、ノウハウ、ブランド、取引先との関係などを含むあらゆる財産である。

ただし、承継後、取引先との契約や雇用契約などすべて契約をし直すこととなるので、オーナー経営者側にとっても後継者側にとっても、本当にその事業をきちんと引き継いでもらえるのか、承継できるのかと不安が生じることがある。

株式譲渡、事業譲渡のメリットとデメリット

株式譲渡と事業譲渡のメリットとデメリットを左ページに図示した。一方でのメリットは他方でのデメリットとなっていることが

多い。

　例えば、株式譲渡ではすべてをそのまま承継するのが基本であるから、手続きが簡単で楽なのはメリットであるが、承継時に顕在化していない帳簿外の負債も承継するリスクが後継者にあるのはデメリットといえる。一方、事業譲渡では個別承継のため、手続きが煩雑なのはデメリットであるが、簿外負債を遮断できるというのはメリットである。

　また、株式譲渡では株主個人に承継対価が入金されるので、株式譲渡益課税が約20%と低率で済む。しかし、Ⅲ-1でみたように所在不明株主がいる場合などは、第三者承継するのに手間がかかる。

　一方、事業譲渡では、会社に承継対価が入金される。また、後継者にとっては、「承継対価−引き継いだ純資産＝営業権」となり、営業権部分を税務上5年間で償却できる節税メリットがある。

　どちらの手法がいいのかは後継者側の考え方にもよるが、一般的には株式譲渡の方がスムーズにいくことが多い。

　オーナー経営者側としては、「株式譲渡、事業譲渡のどちらでもいいですよ」というスタンスで第三者承継に臨めるのが理想的である。

株式譲渡と事業譲渡のメリット・デメリット

株式譲渡

	メリット	デメリット
オーナー経営者側	1. 株主個人で、株式の売却益が得られる 2. 個人の売却益課税は約20%と低率 3. 手続きが簡単	1. 株式の収集・売却に手間がかかる場合がある
後継者候補側	1. 会社が存続するため、承継後そのまま事業継続が可能 2. 手続きが簡単 3. 許認可がそのまま引き継げる	1. 簿外負債や債務保証を含めた債務を引き継ぐ

事業譲渡

	メリット	デメリット
オーナー経営者側	1. 会社を残せる	1. 対象事業がそのまま承継されないかもしれない 2. 手続きの煩雑さ
後継者候補側	1. 対象事業の取捨選択が可能 2. リスクやコストになるものを排して対象事業を獲得できる 3. 営業権が発生する場合に節税メリットがある	1. 手続きの煩雑さ 2. すべての契約等がまき直しのため、承継できないリスクがある 3. 許認可が原則、承継できない

POINT

□ **株式譲渡は手続きは楽だが、簿外負債を承継するリスクがある**

□ **事業譲渡は手続きは煩雑だが、簿外負債を遮断できる**

売れる会社と売れない会社、その分岐点とは？

Q 第三者承継できる会社とできない会社があるようですが、どういったところがポイントなのでしょうか。

A 後継者候補が現れて上手に第三者承継ができている会社の特徴は、「5つの整理ができている」「再現性がある」「条件が高すぎない」の3つです。

後継者候補が集まりやすい会社の特徴

特別な商品やサービスを扱っていたり、特許を持っていたりなど特徴的な会社は、後継者が見つかりやすいのは確かである。

しかし、マッチングサイトを使って後継者候補を探す場合は、あまり特徴がない普通の小さな会社でも、後継者候補が見つかる可能性がある。

また、ここまで見てきたように、売上規模が小さくても、赤字や借金があってもマッチングサイトを使った第三者承継では、後継者候補が見つかる可能性は十分にある。

その背景には、Ⅱ-4で見たように、後継者候補の「数」が増加していることと、後継者候補の「多様化」がある。

このようにマッチングサイトにより後継者が見つかりやすくなった状況の中でも、特に後継者候補が集まりやすい会社がある。

そのような会社の特徴は次のとおりである。

- **Ⅲで見た「5つの整理（株主・書類・資産や負債・私的財産や私的経費・関係会社の整理）」が事前にできている会社**
- **社長がいなくてもある程度回っている会社又は再現性がある会社**
- **条件が高すぎない会社**

再現性のある会社

1つ目にあげた「5つの整理」はⅢをもう一度確認してほしい。

ここでは、2つ目にあげた「社長がいなくてもある程度回っている会社又は再現性がある会社」を確認する。

後継者候補の視点は常に、「承継後」にある。承継自体は後継者候補にとっては、スタート地点に過ぎない。承継後にこの会社をどうやって経営していくのか、ノウハウや取引先をどうやって引き継ぐのかなどが重要なのである。承継が済めば、基本的に元社長はその会社からいなくなるが、その時に問題なく会社運営ができるのかが後継者候補の最大の関心事といっていい。

承継対象会社が、既に社長抜きでほぼ運営できている場合は、後継者候補にとっては安心だ。この場合は第三者承継とはいえ、トップが代わるだけで、実務はそのまま問題なく継続できるだろう。

しかし、小さな会社ではそういった会社はとても少ないのが現実だ。

では、一般的な小さな会社が後継者候補に興味をもってもらうためにはどうしたらいいのだろうか。

それは、再現性のある会社にすることである。「再現性がある」とは、他の人でも同様の作業ができて、結果が出るような仕組みのことである。具体的にはⅢ-2で説明したように、社長が独自にしている業務を、紙に落とし込んでマニュアル化していくのである。

条件が高すぎない会社

特別な商品があり、再現性もある会社なのに、なかなか第三者承継ができない会社がある。なぜであろうか。

その理由はズバリ、「条件が高すぎる」のである。これは、小さな会社でも時々ある。たとえ小さくとも特別な商品やサービスがあり、更に再現性のあるような会社では、オーナー経営者自身にとっては自慢の会社である。そうすると、時に、相場とかけ離れた条件を提示してしまい、結果的に後継者候補が現れなくなってしまうのである。

こういった時は是非、マッチングサイトに精通したアドバイザーなどの専門家に相談をして、相場観を確認してほしい。そうしないと、取引先も従業員も、オーナー経営者自身も望まない結果となってしまうのだから……。

最後は信頼できるかどうか

最後に、「5つの整理」や「再現性」があり、条件も「高すぎない」にもかかわらず、第三者承継ができない会社も実は稀にあるのだが、どんなケースだろうか。

意外と思われるかもしれないが、第三者承継の過程で信頼を醸成できなかったケースである。

最終的にお金を支払って全責任を背負うのは、後継者候補である。その後継者候補からみて、オーナー経営者などに対して、「何か隠しているのではないか」という疑念が最後まで払拭できなければ、後継者候補は最終的にお金を支払うことはしないだろう。

たとえ資金力や経験豊富な有名企業が後継者候補として現れても、信頼を相手に抱くことができなければ、雇用の継続や取引先の継続を強く望むオーナー経営者の場合、最終的に会社を引き渡すことはしないだろう。

小さな会社の第三者承継では、こういった部分は大変重要であることを覚えておいてほしい。第三者承継を特殊なことと思わず、通常の仕事と同じように考え判断することができれば、納得のできる形で会社を引き継ぐことも可能であるはずだ。

売れる会社の特徴

5つの整理が事前にできている会社

➜ 株主の整理
書類の整理
資産や負債の整理
私的経費の整理
関係会社の整理

社長がいなくてもある程度回っている会社又は再現性がある会社

➜ 社長が独自にしている業務を紙に落とし込んでマニュアル化していくのがベター

条件が高すぎない会社

➜ なかなか後継者候補が現れない場合は、専門家に相談をして相場観を確認

最後は信頼できるかどうかも大切

POINT

- □ 再現性が高く、条件が高すぎない会社は後継者が見つかる
- □ 最後は信頼できるかどうかが大切

Ⅳ-6

売却後の会社との関係

承継後も元社長が会社に残って働くことは可能？

Q **第三者承継により会社を譲る予定です。まだまだ元気なので、動けるうちは承継後も会社に残って働きたいのですが、可能でしょうか。例えば、週3日程度でもいいのですが…。**

A 後継者次第ですが、可能です。昨今の人手不足のため、後継者からの希望で、承継後も1年以上仕事を継続しているケースもあります。

また、オーナー経営者にとって「社長」という肩書きが急になくなり環境が変化することは、身体的・精神的に影響が大きいので、承継後の生活をイメージしておくことも大切です。

小さな会社の引継ぎ業務のよくあるケース

小さな会社がマッチングサイトを使って後継者を見つけ、承継が成立した後の「引継ぎ業務」のよくあるケースを紹介する。

毎日出社してしっかりとした引継ぎを行う期間は、1ヶ月程度であることが多い（技術の承継が必要な場合や全くの異業種からの承継の場合は1ヶ月以上となる）。

実際の引継ぎ業務としては、主要な仕事の引継ぎ以外にも「得意先や仕入先などへの挨拶回り」「個々の従業員との面談や過去の経緯の共有」「社内資料の引継ぎ（パソコン内に保存しているデータを含む）」など多岐に渡る。

長年経営してきた会社を第三者へ引き継ぐのであるから、様々な項目の引継ぎ業務が発生するのは当然である。

また、このような短い期間の必要最小限度の引継ぎでは、オーナー経営者側は無報酬であることが多い。

元社長が会社に残ることを後継者が望むことも…

日本は現在人手不足の状況が続いている。

そのため、後継者側からの要望で承継後も元社長が会社に残って働くというケースもよくある。

承継後も元社長に仕事を継続してもらうことで、後継者としては、内製化などのシナジーに着手したり、新規営業やホームページの整備などを手掛けたりすることがある。

もちろんこのようなケースでは、承継前に報酬を含めた条件について元社長と後継者の相互の同意をとっておくことになる。

また、引継ぎ期間の報酬をいくらにするかは税理士などの専門家に相談したうえで慎重に決めることが重要である。

承継後の生活をイメージしよう

　ここからは少し余談となるが、オーナー経営者の皆さんは、承継前に是非承継後の生活をイメージしておいてほしい。できれば、「承継後に実現したいこと」などを、家族と相談しておこう。

　第三者承継をした後というのは、はっきり言って大きく生活が変わる。事例のように承継後も会社に残るという選択をした場合は別であるが、そうでない場合は、朝出社、夕方帰宅という日課がなくなるのである。何も予定がなく、お酒やテレビ三昧となれば、肉体的・精神的に大きな影響がある。また、環境の変化により配偶者と不仲となり、熟年離婚ともなれば、いくら承継がうまくいきお金を手に入れたとしても、財産分与となり、幸せなこととはいえない。

　他にも、社長という「肩書き」がなくなることも、事前にきちんと理解しておいてほしい。何かを申請などする際に、ふと肩書きがないことに気づき、戸惑ったという話を聞いたことがある。事前に覚悟しておけば、そんなときにも柔軟に対応できるというものだ。

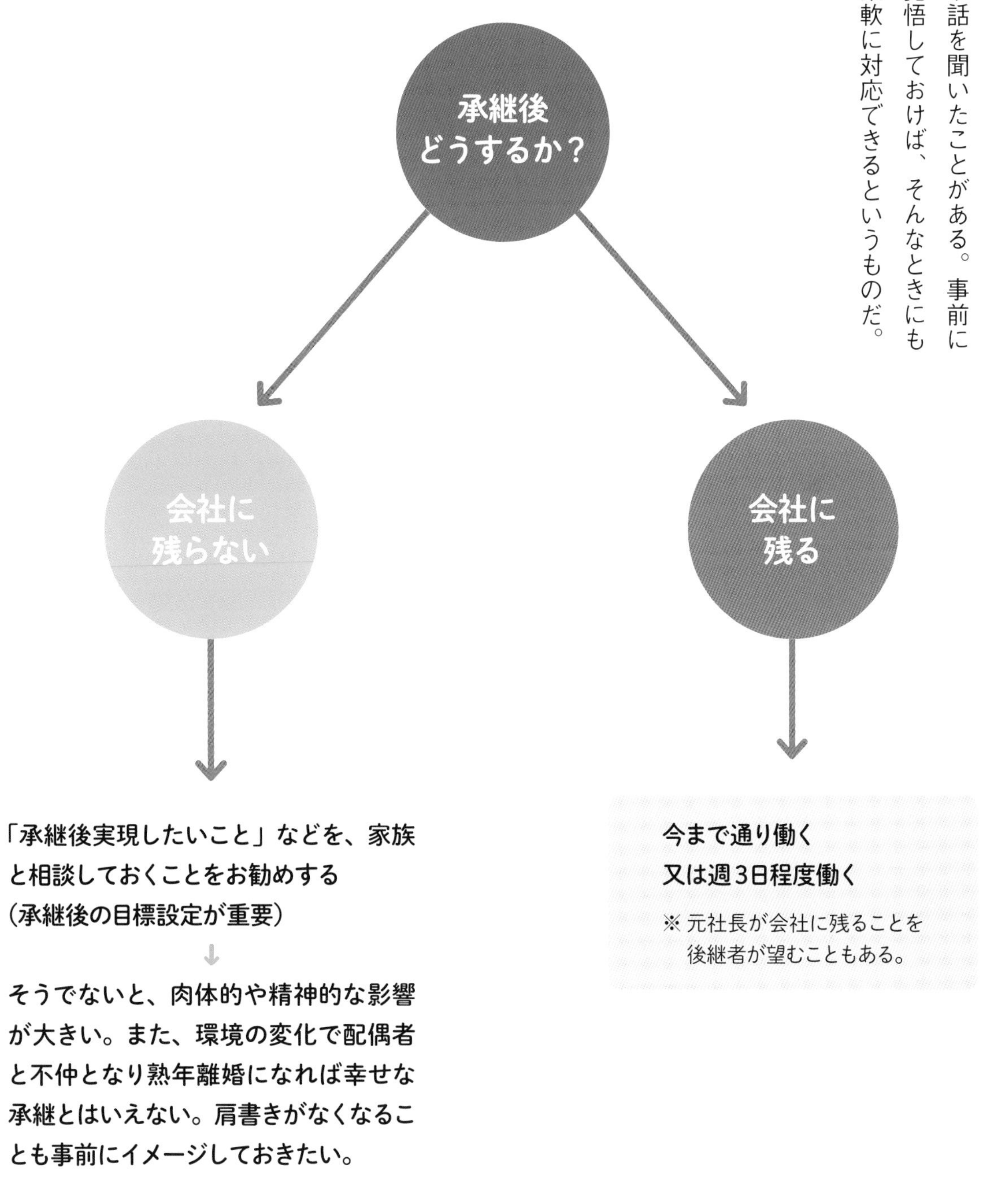
承継後
どうするか？
会社に
残らない
会社に
残る
「承継後実現したいこと」などを、家族と相談しておくことをお勧めする
（承継後の目標設定が重要）
そうでないと、肉体的や精神的な影響が大きい。また、環境の変化で配偶者と不仲となり熟年離婚になれば幸せな承継とはいえない。肩書きがなくなることも事前にイメージしておきたい。
今まで通り働く
又は週3日程度働く
※ 元社長が会社に残ることを
後継者が望むこともある。

V

第三者への事業引継ぎを進めるために知っておきたい税金やお金の話

小さな会社の売却価格の算定方法、専門家やアドバイザーに支払う手数料、
事業引継ぎに関する税金など第三者への事業引継ぎを進めるために
知っておきたいお金の話について、具体的な計算例を用いて解説する。

V-1

売却価格の算定方法

小さな会社の値段はこう決まる!

土地の価格は公的指標で決まるが、会社の値段はどう決まる?

小さな会社を第三者に引き継ぐときの会社の値段はどのように決まるのだろうか。

例えば、皆さんが土地を買うことをイメージしてほしい。

家も建たないような大きさで、土壌の状態もあまりよくないということであれば、買い手はつきにくいだろう。また、買い手がついたとしても安値になるかもしれない。

しかし、自分の家の隣の土地となれば、見ず知らずの人に買われることを恐れて、坪当たりの単価が多少高くても買う人がいるのではないだろうか。

つまり、モノの値段というのは、売り手や買い手それぞれの立場や時期などによって、いかようにも変化するものなのである。売り手と買い手がそれぞれ納得すれば、それが正しい値段ということになる。

とはいえ、土地であれば、路線価や固定資産税評価額、取引事例など、ある程度の売り手及び買い手の価格における目安がある。

一方、会社の値段はどうであろうか。会社の値段に路線価などの目安となる公的指標はない。また、小さな会社になればなるほど、取引事例は少ないものなのである。

小さな会社の値段の決め方

では、会社の値段はどうやって決まるものなのであろうか。

会社の価格算定方法としては、規模の大きな会社のM&Aでは「インカムアプローチ」や「マーケットアプローチ」「ネットアセットアプローチ」等の手法を活用するが、小さな会社の第三者承継でよく用いられているのは、下記の簡便的価格算定方法である。

小さな会社の第三者承継でよく用いられる簡便的価格算定方法

承継直前の利益金額 × ○年分 + 時価純資産価額

簡便的価格算定方法の算式の前半にある「承継直前の利益金額」は、営業利益や税引後利益の数字を損益計算書からもってきたり、減価償却費を加味したりなど調整する必要はあるが、とにかく直近の儲けの○年分を、営業権のようなイメージで譲り受け手が支払うというものである。○年分は、例えば、売却対象の儲けの構造が長く続きそうであれば、又はそういう業種であれば長くなり、一過性の部分があるとなれば短くなるが、一般的には「1年~3年」が多いように思う。

後半にある「時価純資産価額」は、貸借対照表の資産及び負債を時価算定して、その差額を求めたものである。時価算定とは、資産については在庫や機械などを時価に洗い替えし、負債については退職金などの「隠れ負債」があればそれを加味することをいう。

特に隠れ負債は要注意

会社の承継を検討するとき譲り受ける側が注意すべきところはたくさんある。例えば、対象会社に多額の借金があっても、それに見合う現預金等があれば承継することに問題はない。逆に現預金等の資産があっても、それ以上の負債があれば承継すべきではないと判断することになる。また、資産項目に工場用土地１，０００万円と計上されていても、その時価が二束三文であれば、減額して会社の価値を考えなければならない。

このように注意が必要な承継であるが、譲り受け手が承継前に特に入念に確認するのが「隠れ負債」である。

隠れ負債とは、「今後発生する従業員退職金の積立て不足額」や「未払の残業代」「加入すべき社会保険料の過去未払分」などのことをいう。小さな会社の承継では、これらは最重要項目といえる。

小さな会社の第三者承継でよく用いられる簡便的価格算定方法

承継直前の利益金額 × ○年分　＋　時価純資産価額

承継直前の利益金額 × ○年分
- 直近の儲けの○年分＝営業権のようなイメージ
- ○年分は、売却対象の儲けの構造が長く続きそうであれば、又はそういった業種であれば長くなり、一過性の部分があるとなれば短くなる
- 一般的には「1年～3年」

時価純資産価額
- 貸借対照表の資産及び負債を時価算定して、その差額を求める
- その中でも譲り受け手として承継前に特に入念な確認が必要なのは、「隠れ負債」
- 隠れ負債とは、「今後発生する従業員退職金の積立て不足額」「未払の残業代」「加入すべき社会保険料の過去未払分」などをいう

簡便的価格算定方法の具体例

【会社A】

年商 6,000 万円、従業員３名、製造業
承継直前の利益 300 万円、時価純資産価額 500 万円、〇年分は３年とする

承継直前の利益		時価純資産価額		会社の価格
300万円×３年	＋	500万円	＝	1,400万円

【会社B】

年商 9,000 万円、従業員５人、食堂事業
承継直前の利益 500 万円、時価純資産価額 700万円、〇年分は 1.5 年とする

承継直前の利益		時価純資産価額		会社の価格
500万円×1.5年	＋	700万円	＝	1,450万円

POINT

- □ 小さな会社の値段の算定には簡便的価格算定方法がよく用いられる
- □ 隠れ負債がないように承継準備を進めよう

V-2

専門家などへの手数料と税金

「手残り」で考えるのが大事！

～手数料、税金はいくら？ 退職金を活用した対策も有効

大事なのは、会社の値段ではなく「手残り」

小さな会社はオーナー経営者への依存度が高いことが多い。また、第三者承継も友好的なものがほとんどであるため、オーナー経営者に会社に1年以上残ってもらうというケースもある。その場合は、オーナー経営者は通常役員給与又は顧問料などの名目で月々報酬をもらうことになる。

そこで注意してほしいのは、承継対価がいくら高くても月々もらう報酬が低ければ総合的にみて受け取る金額が少なくなっているかもしれないということである。また、承継条件としては、値段以外にも「雇用の継続」や「取引先の継続」などがある。オーナー経営者は、値段以外の要素もバランス感覚をもって判断しなければならない。

また、オーナー経営者にとって本当に大事なのは、いくらで承継できたかより、専門家やアドバイザー手数料及び税金を差し引いた「手残り」がいくらになったかではないだろうか。つまり「手残り」を増やすためには、手数料に補助金が出る制度（Ⅱ-2参照）や節税対策としての退職金制度の活用、オーナー経営者の家族による所得分散なども駆使することが重要である。

こういった手残りを最大化するための計画については、積極的に専門家やアドバイザーに相談することをお勧めする。

アドバイザーに支払う手数料

オーナー経営者がマッチングサイトへの登録から後継者への引継ぎまですべてをスモールM&Aアドバイザーにサポートしてもらう場合の手数料の例は下記となる。

着手金は最初に発生する費用であるが、無料であることが多い。また、中間金は一般的に後継者候補との仮契約といわれる基本合意時に発生するが、最終契約の1～2ヶ月前に支払う必要がある。成

スモールM&Aアドバイザーに支払う手数料（例）

	金額
着手金	0～10万円
中間金	20万円
成功報酬	承継対価×10%+100万円（最低報酬200万円）

功報酬は、後継者候補と最終契約を結び、承継対価を受領してそれを原資にアドバイザーや専門家に支払うものと考えてもらうとよいだろう。

アドバイザー業務の主なものを次に掲げる。

- **譲り渡し手社長とのヒアリング**
- **譲り渡し手会社の資料収集（決算書など約15項目）**
- **譲り渡し手会社の譲り渡し案件化**
- **マッチングサイトへの登録**
- **譲り受け手からの問い合わせ対応**
- **譲り受け手の調査、個別面談**
- **譲り渡し手及び譲り受け手によるトップ面談の設定、司会進行**
- **基本合意書案の作成、譲り受け手との調整、完成**
- **譲り受け手による財務調査対応への事前準備、当日対応、事後対応**
- **最終契約書案の作成、譲り受け手との調整、完成**
- **最終引渡しのための事前準備、社内調整補助など**
- **最終引渡し時の譲り受け手との調整、司会進行**
- **最終引渡し後の各種フォロー**

アドバイザー業務が多岐に渡ることに驚くかもしれないが、これらをオーナー経営者自身がすべて行うことは難しい。また、専門家やアドバイザーを入れない相対の直接交渉ではトラブルも多いので、たとえ手数料が発生しても経験豊富なアドバイザーに依頼したほうが安心といえる。

最終的には承継対価が上がり、手残りが増えることが一番だからだ。

第三者承継時の税金

Ⅳ-4でみた「株式譲渡」の方法で、会社を丸ごと後継者に引き継ぐ場合の税金計算がどうなるのかを確認してみよう。

会社を第三者承継することは、社長が単に代わることではなく、株主の変更を意味する。つまり第三者承継とは、社長等が持っている自社株を第三者である譲り受け手に売却する行為ということになる。

ということは、第三者承継を税法的に理解すると、社長等株主の株式譲渡所得を計算することとなる。

算式の「株式取得費等」とは、会社設立時にオーナー経営者が資金等を拠出してその後増資等がない通常の小さな会社であれば、「資本金」となる。

また、具体的な税金計算は「株式等に係る譲渡所得金額」に税率を掛けて求めることになる。

所得税法における株式譲渡所得の計算式

譲渡価額（＝承継対価）	−	株式取得費等	−	専門家・アドバイザー手数料	＝	株式等に係る譲渡所得金額

第三者承継（株式譲渡）の税金の求め方

株式等に係る譲渡所得金額	×	税率（20.315%※）	＝	税金

※所得税・復興特別所得税 15.315％＋住民税５％

退職金を活用した節税対策

では、小さな会社が手残りを最大化する節税対策は何があるだろうか。

一般的に一番効果が大きいのは、「退職金制度」の活用である。受け取る退職金には、左記2つの税務メリットがある。

退職金の税務メリット

1．受取退職金に対する多額の経費計上
2．2分の1課税

勤続年数が20年までは年40万円、20年を超えると超える部分に関しては年70万円の、受取退職金に対する経費計上が可能となる。例えば、創業から30年間社長を務めたとすると、40万円×20年＋70万円×（30年－20年）＝1，500万円が経費計上できる額となり、1，500万円の退職金を受け取っても、個人所得税等は0円となる。

また、もしそれを超える場合でも、2分の1課税となるため退職金制度は税法上メリットがあるといえるのである（計算例参照）。

さらに、この退職金制度を家族役員や家族従業員にも応用できれば、約2割となる株式譲渡所得課税よりも手残りが多くなるだろう。

ちなみに、この退職金については、会社の決算において多額の費用計上となるので、法人税法上の支給限度額を超えないように設定する必要もあるのだが、この辺りも含めて、専門家やアドバイザーからアドバイスをもらうといいだろう。

また、退職金制度を活用すると、後継者からみても多額の費用が計上されてから会社を引き継ぐことになり、税務上有利となることがある。

POINT

□ 大事なのは承継対価ではなく「手残り」の額である
□ 「手残り」を増やすためには、補助金や退職金を活用しよう

退職所得控除額の計算

勤続年数	退職所得控除額
20年以下	40万円×勤続年数
20年超	800万円＋70万円×（勤続年数ー20年）

・注1：勤続年数に1年未満の端数があるときは、たとえ1日でも1年として計算します。
・注2：左記の算式によって計算した金額が80万円未満の場合は、退職所得控除額は80万円になります。
・注3：障害者となったことに直接基因して退職した場合は、左記により計算した金額に、100万円を加算した金額が退職所得控除額です。

令和3年分所得税の税額表〔求める税額＝A×B－C〕

A 課税退職所得金額	B 税率	C 控除額
1,000円から　1,949,000円まで	5％	0円
1,950,000円から　3,299,000円まで	10%	97,500円
3,300,000円から　6,949,000円まで	20%	427,500円
6,950,000円から　8,999,000円まで	23%	636,000円
9,000,000円から　17,999,000円まで	33%	1,536,000円
18,000,000円から　39,999,000円まで	40%	2,796,000円
40,000,000円以上	45%	4,796,000円

注：役員等勤続年数が5年以下である人が支払を受ける退職金のうち、その役員等勤続年数に対応する退職金として支払を受けるものについては、退職金の額から退職所得控除額を差し引いた額が課税退職所得金額となります。

【計算例】　創業から30年間務めた社長が2,500万円の退職金を受け取った場合

退職所得控除額	800万円＋70万円×（30年－20年）＝1,500万円
課税退職所得金額	（2,500万円－1,500万円）×1／2=500万円（1,000円未満端数切捨て）
所得税額	500万円×20%－42万7,500円=57万2,500円
所得税及び復興特別所得税	57万2,500円+57万2,500円×2.1%=58万4,522円（1円未満の端数切捨て）

※このほかに住民税として50万円が特別徴収されます。

出典：国税庁ホームページ（一部加筆）

「手残り」の計算方法

承継対価（会社の値段）　－　専門家やアドバイザー手数料　－　税金　＝　譲り渡し手の手残り

↓

大事なのは承継対価（会社の値段）ではなく、手残りがいくらか

↓

補助金の活用や節税対策が重要

↓

節税対策として、退職金の活用も検討しよう！

【具体例】　承継対価1,500万円で事業引継ぎが行われて、アドバイザーの活用によって退職金などで税金が発生しない場合

1,500万円－手数料※242万円－税金0円＝手残り1,258万円

※手数料242万円＝（着手金0円＋中間金20万円＋成功報酬200万円）×1.1

承継後も会社に残る場合の給与はどうなる？ ～退職金を受け取っている場合は要注意

承継後も会社に残る場合に決めておくこと

　小さな会社の第三者承継では、オーナー経営者が当面そのまま会社に残る場合や、1年間など期間を限定して会社に残る場合がある。

　これらの場合、承継前に後継者と下記についてきちんと話し合って決めておくことが大切だ。第三者承継の手続きを進めている時はどうしても目先のことに視線がいきがちで、承継後の取決めがおろそかになることがあるので、注意したい。

承継前に後継者と決めておくこと

1. 引継ぎ期間
2. 引継ぎ期間の役職、立場、業務内容
3. 引継ぎ期間の給与額又は報酬額

役員や従業員の場合は給与扱い

　引継ぎ期間は後継者の都合によって左右されることが多いが、オーナー経営者が承継後もその会社に出社したいのであれば、承継前に後継者にその旨の要望を出すことをお勧めする。経験上、多くの後継者がこのようなオーナー経営者の希望を好意的に受け止めてくれる。時には「数年間、業務を継続してほしい」と後継者から言われることもある。

　このような場合、承継する時点で「肩書きはどうなるのか」「業務内容はどのようなものになるのか」「その時の給与や報酬額はいくらを想定しているのか」をきちんと確認しておき、できれば書面で残しておくことが大切だ。

　また、「役員として残るのか」「雇用契約前提の従業員という立場になるのか」「顧問などの肩書きとなり、いわゆる外注扱いなのか」なども是非確認しておきたい。

　役員や従業員であれば、法的には給与扱いとなる。社会保険の加入もあわせてどうなるのか取決めが必要だ。また、税金については、役員及び従業員であれば共に年末調整の対象となる。

　一方、顧問や相談役などの肩書きで、法的に外注扱いであれば、源泉徴収の対象となる場合とそうでない場合があるが、どちらにしても確定申告して税金を支払うことになる。

退職金を受け取っている場合は要注意

　V-2で節税対策として退職金制度の活用を説明したが、退職後に役員として残る場合は注意しなければならない点がある。

それは、退職金を受け取ったにもかかわらず実質的には退職していないという指摘を税務署から受け、結果的に退職金が否認されてしまうケースがあるからだ。

これについて規定しているのが、左記の「役員の分掌変更等の場合の退職給与」（法人税基本通達9－2－32）である。

この通達をみると、役員の役職が非常勤役員や監査役に変わったときに50％以上給与を減少させれば問題がないようにみえるが、これはあくまで例示である。

重要なのは、「実質的に退職しているのかどうか」ということなのである。

つまり、退職金受給後も、経営権が譲り渡し手社長に残っていたり、重要な意思決定に譲り渡し手社長が参画していると、税務署から指摘を受け、退職金が否認されることになってしまう可能性がある。

通常ならば問題にならないと思うが、退職金は否認されると金額も大きくなることが多いので、注意してほしい。

【役員の分掌変更等の場合の退職給与】（法人税基本通達9－2－32）

法人が役員の分掌変更又は改選による再任等に際しその役員に対し退職給与として支給した給与については、その支給が、例えば次に掲げるような事実があったことによるものであるなど、その分掌変更等によりその役員としての地位又は職務の内容が激変し、実質的に退職したと同様の事情にあると認められることによるものである場合には、これを退職給与として取り扱うことができる。

(1) 常勤役員が非常勤役員（常時勤務していないものであっても代表権を有する者及び代表権は有しないが実質的にその法人の経営上主要な地位を占めていると認められる者を除く。）になったこと。

(2) 取締役が監査役（監査役でありながら実質的にその法人の経営上主要な地位を占めていると認められる者及びその法人の株主等で「使用人兼務役員とされない役員」に掲げる要件の全てを満たしている者を除く。）になったこと。

(3) 分掌変更等の後におけるその役員（その分掌変更等の後においてもその法人の経営上主要な地位を占めていると認められる者を除く。）の給与が激減（おおむね50％以上の減少）したこと。

（注）本文の「退職給与として支給した給与」には、原則として、法人が未払金等に計上した場合の当該未払金等の額は含まれない。

POINT

- □ **会社に役員や従業員として残る場合は給与扱い、顧問や相談役は外注扱いとなることもある**
- □ **退職金を受け取っている場合は要注意**

COLUMN

事業の引継ぎ方だけでなく、「相続」も重要！

～財産の分け方を決めておく

「事業引継ぎ」と「相続」はワンセット

事業引継ぎを進めている小さな会社の社長からよく相談されるのは、「相続」についてです。相談者の多くが70代ですから、第三者に会社を承継して売買対価が入ってきても、どうやって配偶者や子供へ渡していくべきか思い悩むのは当然のことでしょう。

事業引継ぎと相続についての対策は別々のものではなく、ワンセットのものと考えて対処したほうがいいでしょう。

非課税枠を活用すると1次相続の節税対策は不要!?

相続の相談で一番多いのは「どれくらい税金がかかるのか」「節税対策はないのか」など「税金」に関することです。

相続税には税金がかからない非課税枠があって、「基礎控除」といいます。基礎控除は法定相続人の数によって変わり、計算式は左記となります。

相続税の基礎控除

3,000万円 ＋ 600万円×法定相続人の数

例えば、配偶者と子供2人の場合は、「3，000万円＋600万円×3人＝4，800万円」までは相続税はかかりません。

右記基礎控除とは別に、生命保険金には独自の非課税枠があり、「500万円×法定相続人の数」となっています。

配偶者と子供2人の場合は、500万円×3人＝1，500万円までの生命保険金は、右記の基礎控除と別枠で非課税となります。

また、100坪までの自宅土地については、配偶者や同居人が相続するなど一定の場合は8割評価減となり、自宅土地の相続税評価額が5，000万円でも、5，000万円－5，000万円×8割＝1，000万円の評価となります。

他にも、配偶者が相続する財産には、「1億6千万円」か「配偶者の法定相続分相当額」までは相続税がかからないことになっています。

そのため、例えば1次相続では、多くのケースで相続財産の1割以下の相続税となりますので、意外に思われるかもしれませんが、過度な節税対策はほとんどの場合で不要です。

誰にどの財産をどれくらい渡すのかを決めておく

相続の相談でいつもお話するのが、税金よりも「財産の分け方」の方が大事だということです。

いくら「節税」できたとしても、「財産の分け方」で兄弟姉妹の仲が悪くなってしまっては本末転倒です。仲が悪いくらいなら大したことはありませんが、暴力事件になったり、電話すらできなくなったりしてはそれを見ている孫たちにも悪影響です。

大切なのは、社長が元気なうちに、ご自身と配偶者が両方亡くなった後、子供たちだけの世界になったときに「自宅や賃貸アパート、有価証券、現預金をおおまかに誰にどの程度渡すのか」を、配偶者や子供たちがいる前で明言しておくことです。

社長が財産分けの方法を明言すれば、それを逸脱してまで自分に財産を寄こせと言ってくる相続人はほとんどいません。

相続人が揉める相続の多くは、家族の柱となる人が財産分けの方向性を明言しなかったことが原因ということを覚えておいてください。